Der TOPKAPI Serail

NET®
TURİSTİK YAYINLAR SANAYİ VE TİCARET A.Ş.

Herausgegeben und vertrieben durch:
NET TURİSTİK YAYINLAR A.Ş.
Yerebatan Caddesi, 15/3,
34410 Cağaloğlu, Istanbul-Türkei
Tel.: (90-1) 5208406-5274270
1362. Sokak, 2/B, Emek İş Hanı,
35230 Çankaya, İzmir-Türkei
Tel.: (90-51) 123001-253861
Deniz Mahallesi, 126. Sokak,
Çöllü Apartmanı, D. 2, Antalya-Türkei
Tel.: (90-311) 26558
Fotos: **Nadir Ede, Süleyman Kaçar**
Layout: **Not Ajans (Selim Aydaş)**
Satz: **Sistem Foto Dizgi**
Farbkorrektur: **Işık Reprodüksiyon**
Druckerei: **Asır Matbaacılık Ltd. Şti.**

7. Auflage, 1987

Babüsselâm (Tor des Heils, 2. Tor).

Portrait des Sultan Mehmed des Eroberers.

Der Topkapı Palast erstreckt sich über das weite Gelände zwischen der Hagia Sophia und der Landzunge genannt "Sarayburnu", die an der Mündung des Goldenen Hornes ins Marmarameer hineinragt. Der Palast ist von einer eigenen, stellenweise mit Türmen verstärkten Stadtmauer **(Sur-i Sultani)** umgeben, in die sieben Tore eingelassen sind; drei davon befinden sich am Ufer, das berühmteste jedoch ist das gleich hinter der Hagia Sophia gelegene "Bab-ı Hümayun".

Der Bau des ersten Palastes, samt der ihn umzingelnden Mauer, dauerte ungefähr dreizehn Jahre (1465-1478).

Nachträglich wurde der Palast von jedem Sultan durch neue Anbauten vergrössert, wodurch sich sein Aussehen wesentlich veränderte. An den mit dem offiziellen Namenszug des Sultans versehenen Bauinschriften der Pavillons ist zu erkennen, welcher Sultan jeweils den Anbau, bezw. Umbau oder die Reparaturen veranlasst hatte.

Der alte Palast, der neue Palast...

Nach der Eroberung Istanbuls, liess sich Sultan Mehmet II, genannt "Fatih" (der Eroberer), zunächst einen Palast im heutigen Stadtteil Beyazıt errichten, wo sich zur Zeit die Gebäude der Universität Istanbul befinden. Später zog der Sultan in den Palast, den er auf der Landzunge errichten liess, um.Von dem Zeitpunkt an wurde der Palast in Beyazıt "Der Alte Palast" und der Palast auf der Landzunge "Der Neue Palast" genannt.

Der Name Topkapı war ursprünglich einem Lustschlösschen am Ufer des Marmarameeres gegeben. Als dieses Lustschlösschen im Jahre 1862 niederbrannte, wurde die Bezeichnung "Topkapı" für den ganzen Palastkomplex verwendet.

Der neue Palast wurde anfänglich nur für offizielle Empfänge, sowie staatliche und militärische Besprechungen benutzt. Erst viel später zog auch der Harem in den neuen Palast um. Hürrem Sultan oder mit ihrem ursprünglichen Namen Roxelane, die Gattin Sultan Süleymans des Prächtigen, ist als die erste Herrin des neuen Harems bekannt. Nachdem der ganze Harem samt Gefolge in den Topkapı Palast umgezogen war, wurde der alte Palast den Frauen und Dienerinnen der verstorbenen Sultane zur Verfügung gestellt.

In den ersten Jahren der Eroberung Istanbuls war das Gelände, auf dem sich heute der Topkapı Palast befindet, mit Olivenbäumen bewachsen und wurde daher **Olivenhain** genannt.

So schrieb auch der osmanische Historiker Ata, dass Fatih Sultan Mehmet kein bewohnenswertes Gebäude der **Byzantiner** auf diesem Gelände vorgefunden habe. Andererseits deuten verschiedene byzantinische Historiker und neue archäologische Funde darauf hin, dass sich auf diesem Hügel und seinen Hängen schon damals Ruinen von alten Bauten befanden. Sowohl der Keller der Schatzkammer, als auch die Gotensäule auf der Landzunge (St.Simeon-5. Jhd.), sowie sämtliche Ruinen und Bauelemente, die bei Ausgrabungen im Garten des Palastes und am Ufer des Marmarameeres zu Tage kamen, bestätigen diese Tatsache. Wiederum erfahren wir von byzantinischen Historikern, dass sich auf diesem Gelände zur Zeit Kaiser Teodosius' drei griechische Tempel befanden, welche später in Kirchen umgebaut worden seien. So wird vermutet, dass die Hagia Sophia einst der Tempel des Sonnengottes war.

Die Tatsache, dass sich die St.Irenen Kirche (Aya Irini) im ersten Hof des Topkapı Palastes befindet, bekräftigt diese Vermutung. Offensichtlich wurden alte Tempel niedergerissen und an ihrer statt neue Kirchen errichtet.

Es ist leider nicht bekannt, zu welchem Bau die kolossalen Säulenknäufe und architektonischen Elemente aus dem 5.-6. Jhd. gehören, die gleich nach dem zweiten Tor (Bâbü's-Selam) vor den Küchengebäuden zu sehen sind.

Die Gründe, warum Fatih Sultan Mehmet den neuen Palast auf diesem Gelände errichten liess, sind folgendermassen zu deuten:

— Die strategisch gesehen vorteilhafte Lage des Hügels

— Die ästhetisch unverleichlich schöne Aussicht des mit Olivenbäumen bewachsenen Hügels.

Von dem Topkapı Palast, der sich über ganze 600.000 quadratmeter erstreckt, werden heute nur die Hauptgebäude als Museum benutzt. Auf dem übrigen Palastgelände befanden sich früher Lustgärten, Gemüsegärten, Sportanlagen für verschiedene Reiterspiele und dazwischen verstreute Pavillons und Lustschlösschen.Einige von diesen Gebäuden (Çinili Köşk - Kachelpavillon, Sepetçiler Kasrı - Lustschlösschen der Körber) sind heute zu besichtigen. Die Gartenanlagen wurden zu einem öffentlichen Park, dem Gülhane Park, umgebaut.

Der Topkapı Palast besteht aus etlichen, miteinander durch grosse Tore verbundenen Höfen und dem Harem.

Im Gegensatz zu westlichen Palästen befindet sich keines der Tore auf der Achse des anderen. Auch die monumentalen Bauten, die sich in westlichen Palästen auf diesen Achsen befinden, fehlen hier. Der Topkapı Palast ist im allgemeinen durch seine Schlichtheit und Bescheidenheit gekennzeichnet.

Das Gelände, auf dem sich vier grosse Höfe hintereinander befinden, ist ungefähr 370 m lang und 220 m breit. So befindet sich hinter dem Reichstor (Bab-ı Hümayun) der erste Hof, hinter dem Tor der Begrüssung (Bâbü's-Selam oder Mittleres Tor) der zweite Hof, hinter dem Tor der Glückseligkeit Bâbü's-sa'âde oder Tor der weissen Aghas) der dritte Hof und gleich dahinter der vierte Hof, welcher auch der Garten der Erzieher (Lala Bahçesi) genannt wird.

Die Palastbauten weisen im allgemeinen keine Einheitlichkeit auf. Diese Eigenschaft ist auf verschiedene Gründe zurückzuführen. Vor allem liess jeder Sultan nach eigenem Wunsch und Geschmack neue Anbauten errichten. Die Architekten dieser Anbauten hatten sich jeweils eine andere Stilrichtung angeeignet. Ausserdem waren die Architekten sowohl von ihrem Wissen, als auch von ihrer Qualität und ihren Eigenschaften her, unterschiedlicher Natur.

Wegen verschiedener Umbauten und Reparaturen, die durch dringende Notwendigkeiten entstanden, ist besonders im Harem kein einheitlicher Plan zu erkennen. Abgesehen davon trugen Brände und Erdbeben zu vielen Abänderungen der Bauten bei. Von diesem Standpunkt aus gesehen, bietet der Topkapı Palast ein Panorama der osmanisch-türkischen Architekturgeschichte mit ihren verschiedenen Perioden und Einflüssen. Der Topkapı Palast ist sozusagen ein Museum osmanischer Architekturkunst und - geschichte.

Die wichtigsten Bauphasen des Topkapı Palastes sind folgende:

— Der erste Bau begann zur Zeit Fatih Sultan Mehmet's (1478)

— Nach dem grossen Erdbeden, welches von osmanischen Historikern als "der kleine Jüngste Tag" bezeichnet wurde, liess Sultan Bayezid II an vielen beschädigten Bauten Reparaturen ausführen (1512)

— Nach dem siegreichen Ägypten-Feldzug Yavuz Sultan Selim's wurde für die Aufbewahrung der heiligen Reliquien das "Has Oda" und im Anschluss daran der Harem gebaut (1512-1520)

— Wiederaufbau der Küchen nach einem Brand, Anbauten zum Harem und Reparatur der Gemächer für die Leibwache des Sultans zur Zeit Sultan Murat III. (1574-1595)

— Reparaturen im Harem nach einem Brand zur Zeit von Sultan Mehmet IV. (1648-1687)

Topkapı Serail, 1. Hof (aus Hünername, 1584).

Bab-ı Hümayun (Kaiserliches Tor), und Brunnen von Sultan Ahmet III.

Die Reichspforte **"Bab-ı Hümayun"** befindet sich an der, den Palast umzingelnden Stadtmauer und gleich hinter der Hagia Sophia. Diese Pforte ist die grösste und wichtigste Pforte, durch die der Palast von aussen zu betreten ist. Sie wurde zur Zeit von Fatih Sultan Mehmet errichtet und zu Zeiten von Sultan Mahmut II and Sultan Abdülaziz repariert. Die offiziellen Namenszüge dieser Sultane sind auf der Pforte eingemeisselt. Durch diese Pforte führten die zeremoniellen Ein-und Ausgänge zum Palast. Innerhalb der Reichspforte befinden sich zu beiden Seiten die Räumlichkeiten der Pförtner. Wie aus alten Dokumenten und Miniaturen zu erkennen ist, befand sich über dieser Pforte zur Zeit Fatih Sultan Mehmet's ein Pavillon, von dem aus der Sultan die Paradezüge und Zeremonien besichtigte. Dieser Pavillon wurde spaeter abgerissen.

Verschiedene Gebäude des Palastkomplexes, wie z.B. das Ministerium der Stiftungen, das Palais der Prozesse, das Holzlager, das Krankenhaus, die Reichsbäckerei, das Pulvermagazin, das Löwenhaus, die Mühle und etliche Amts- und Diensteinheiten, die sich einst im ersten Hof hinter der Reichspforte zur linken und zur rechten Seite erstreckten, existieren heute nicht mehr.

Die St.Irenen Kirche, die früher als Waffenarsenal benutzt wurde und ebenso die Münzprägerei auf der linken Seite des Hofes sind noch erhalten. In der Münzprägerei wurden früher nicht nur Münzen geprägt, sondern auch das goldene

Bab-ı Hümayun (von M.D'Ohsson).

und silberne Küchengeschirr des Palastes, sowie verschiedenes Geschmeide hergestellt. Das Palais der Prozesse war das interessanteste unter den niedergerissenen Bauten. In diesem Palais, das sich einst an der linken Vorderseite der mittleren Pforte befand, sass jeden Tag ein Wesir, der die Gesuche und Bittschriften des Volkes entgegennahm, um sie bei den Sitzungen des Divans vorzutragen. Demzufolge war der erste Hof jedem, der eine Klage oder einen Wunsch zu äussern hatte, offen. Nächst der Mauer zur linken Seite befand sich der Stein der Lehre und der Brunnen der Politik.

Dieser Hof ist auch vom heutigen Gülhane Park (früher "die Pforte des kühlen Brunnens" genannt) zu betreten. Neben dieser Pforte befindet sich der **Pavillon der Paradezüge,** von dem aus der Sultan die verschiedenen Paradezüge und Vorbeimärsche besichtigen konnte.

Dieser 1806 erbaute Pavillon lag gegenüber der Hohen Pforte (Bab-ı Âli), dem Amtssitz des Grosswesirs.

Die Mauer, die den ersten Hof umschliesst und ihn auf der Uferseite abgrenzt, wurde im vergangenen Jahrhundert errichtet. Hinter dieser Mauer befanden sich verschiedene Dienstgebäude des Palastes.

Festtagsfeier im 2. Hof (von M.D'Ohsson, 1790).

Die mittlere Pforte ist z.Zt. der Eingang des Museums. Diese Pforte erinnert wegen der **konischen Dächer** ihrer beiderseitig gelegenen Türme an eine mittelalterliche Burgpforte. Jedenfalls wird behauptet, dass Sultan Süleyman der Prächtige diese Türme nach einem Feldzug in osteuropäische Länder, unter dem Einfluss der dortigen Burgen errichten liess. Aber wir wissen zugleich aus hitorischen Dokumenten, dass diese Türme schon im 15.Jhd. existierten. Die Inschrift auf dem eisernen Tor weist das Datum 1542 auf.

In dieser Pforte befinden sich die Räumlichkeiten der Oberpförtner. Ausserdem ist diese Pforte in der Geschichte des Topkapı Palastes als das **"Zwischentor"** bekannt, wo Wesire und andere höhere Staatsbeamten verhaftet wurden, bevor sie den Palast verliessen. Jedenfalls befinden sich in den Türmen kerkerähnliche Räume.

Die Grosswesire kamen bis zu dieser Pforte zu Ross und passierten sie zu Fuss.

Der militaristisch strenge Stil, den die Aussenfront der mittleren Pforte aufweist, steht im Gegensatz zu dem freundlichen Aussehen der Innenfront mit dem überwölbten, breiten Gang und den reichen Deckenverzierungen an den Vordächern. Die barocken Verzierungen an den Vordächern aus dem 18.Jhd. sind besonders beachtenswert.

Die Pforte selbst ist mit den offiziellen Namenszügen verschiedener Sultane und mit religiösen Inschriften reich geschmückt.

Der zweite Hof wurde auch **"Hof der Zeremonien"** genannt. Hier fanden die wichtigsten Ereignisse der osmanischen Geschichte und der Geschichte des Palastes statt. Vor allem befindet sich das Gebäude des Hohen Rates, "Kubbealtı" genannt, von dem aus das osmanische Reich 400 Jahre lang regiert wurde, in diesem Hof.

Die Gehälter der Janitscharen wurden hier ausgeteilt und ihre festlichen Gelage wurden hier veranstaltet. Hier wurden fremde Gesandte und Diplomaten empfangen, Glückwunschzeremonien an Festtagen abgehalten und den neuen Herrschern bei der Thronbesteigung Huldigungen dargebracht.

Im zweiten Hof befinden sich sehr wichtige Funde und Bauten aus der byzantinischen Zeit. Unter dem breiten mittleren Weg wurden eine Zisterne, deren Ziegeldecke heute noch zu sehen ist, und verschiedene Kanäle zu Tage gefördert. Wie vorhin erwähnt, wurden bei den Ausgrabungen an der Westseite des Hofes zufälligerweise kolossale Säulenknäufe aus dem 5. und 6.Jhd. und porfirne Sarkophage gefunden. Zwei dieser Sarkophage sind im Hof der St.Irenen Kirche zu besichtigen. Wenn man vor Augen hält, dass porfirne Sarkophage der byzantinischen Ära meistens für Kaiser und deren Familienmitglieder verwendet wurden, ist aus diesen Funden zu schliessen, dass sich hier einst Grabdenkmäler oder Kirchen befunden haben müssen. Die Wahrscheinlichkeit der Behauptung, dass diese Funde auf Befehl der Sultane von verschiedenen Ortschaften Istanbul's hierhergebracht worden seien, ist sehr schwach. In diesem Falle wären sie nicht unter der Erde begraben gewesen.

Der Hof ist von vier Seiten mit **überwölbten Säulengängen** umgeben. Hinter dem rechten Säulengang befinden sich die **Küchengebäude,** hinter dem linken die **Schlafräume der Hofwächter** und die **Hofstallungen.** An der nördlichen Ecke des Hofes befinden sich die **Ausgangspforte des Harems,** die heute als Eingang benutzt wird, das Gebäude des Hohen Rates, "Kubbealtı" genannt, wo die Sitzungen der Wesire unter der Leitung des Grosswesirs stattfanden und gleich daneben die alte innere Schatzkammer, welche heute als Waffenmuseum benutzt wird. Die mittlere Pforte und die Pforte der Glückseligkeit, die auch Pforte der weissen Aghas genannt wird, befinden sich nicht auf einer Achse, sind aber durch einen breiten Weg miteinander verbunden. Von dort aus ist die Pforte der Glückseligkeit in all ihrer Pracht zu erblicken.

Zweiter Hof; rechts der Küchentrakt, links der Ratsaal (Kubbealtı), (aus Hünername, 1584).

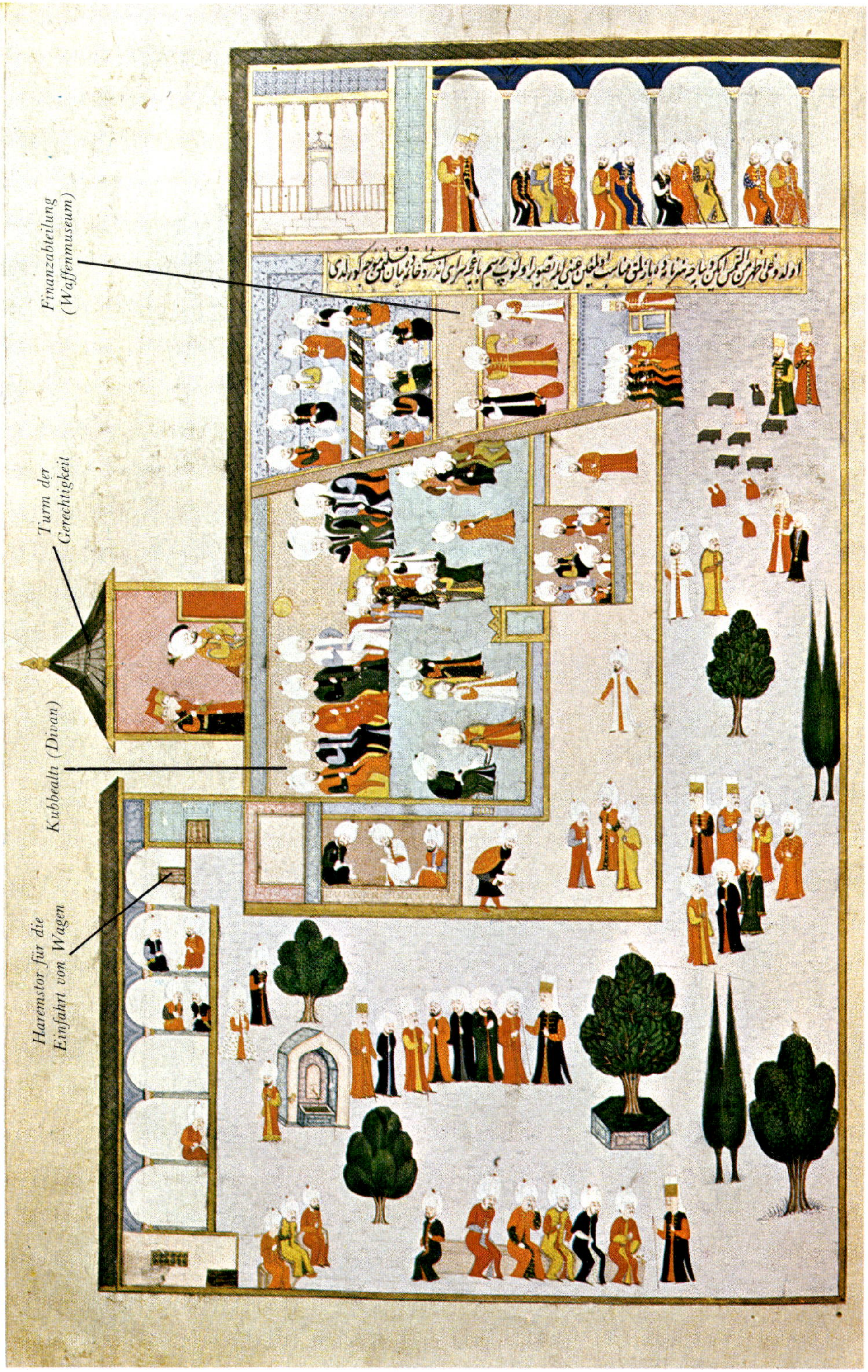

Am Ende der Küchenstrasse befinden sich eine kleine Moschee und die Hofkonditorei, wo z.Zt. die Istanbuler Glass-und Porzellansammlung ausgestellt wird.

In den Küchen wurde jeden Tag für ungefähr viertausend Leute gekocht. Die Speisen für den Harem, den Enderun d.h. dem inneren Privatabteil des Palastes und für die Hofdiener und Angestellten wurden jeweils separat zubereitet. In der Hofkonditorei wurden die verschiedensten Süssigkeiten, Konfitüren und Getränke hergestellt.

Küchentrakt, eine Ecke des Helvahane.

Als einziges Gebäude des Küchentrakts werden hier die Herde, die Kessel, das Servicegeschirr zusammen mit anderen, verschiedenen Küchenutensilien ausgestellt. Da die anderen Küchengebäude in Ausstellungsräume diverser Sammlungen umgewandelt wurden, haben sie ihre originelle Struktur eingebüsst.

Die Töpfe, Schüsseln, Schalen, Speiseplatten, Kannen und Kaffeemühlen sind zumeist mit typisch türkischen Motiven verziert. Auf einigen von ihnen befinden sich Inschriften, aus denen zu erkennen ist, wann sie hergestellt wurden, welcher Vorratskammer sie angehören und von wem sie gestiftet worden sind.

Die meisten Exemplare sind aus gehämmertem Kupfer hergestellt. Die eingravierten oder eingeätzten Verzierungen wurden später hinzugefügt.

Ab dem 18. Jhd. kam Geschirr aus goldverziertem Kupfer in Mode. Diese Technik wird "tombak" genannt. Ausserdem befinden sich in der Sammlung auch einige Exemplare aus der Zeit der Seldschuken. Die meisten dieser Exemplare sind Mörser.

Dagegen existieren aus dem 15. und 16. Jhd. nur zwei grosse Kerzenständer. Alle anderen Gegenstände und Küchenutensilien stammen aus dem 17. und 19. Jhd.

Küchengeräte, links deren Benutzung.

Heute ausgestellte Küchengräte (unten).

In den Gründungsjahren des osmanischen Reiches wurde aus traditionellem kupfernen und irdenen Geschirr gespeist. Später in den Jahren des Wachstums und Reichtums bevorzugte man goldenes und silbernes Geschirr.

Ab Mitte des 16.Jhd. begann man Geschirr aus chinesischem Porzellan zu verwenden. Der Grund dazu war, dass erstens chinesisches Porzellan stabil, hübsch und Meisterhandwerk war, zweitens, dass chinesisches Porzellan nicht nur im Ausland, sondern auch im osmanischen Reich ein wertvolles Imporgut war, welches sich nur kaiserlich-königliche Höfe und sehr reiche Adelige leisten konnten, und drittens, weil dieses auch **Celadon** genannte Porzellan sich bei der Berührung mit Gift verfärbte und einen Anschlag auf das Leben des Sultans sofort erkennen liess.

Die chinesische Porzellansammlung im Topkapı Palast enthält 10.000 Einzelstücke und gehört somit nicht nur zahlenmässig, sondern auch wegen der Vielfalt der Exemplare zu den grössten Porzellansammlungen der Welt.

Obwohl die Geschichte der Töpferei in China bis 1500 vor Christi zurückreicht, gewann die Kunst der Porzellanherstellung erst zur Zeit der 5. Dynastie Weltruhm und wurde von dieser Zeit ab zu einem weltweit begehrten Exportgut. Im 10.Jhd. waren die ersten Käufer chinesischen Porzellans Länder des Nahen Ostens. Die ältesten Exemplare der chinesischen Porzellansammlung des Topkapı Palastes stammen ebenfalls aus dieser Zeit. Aber das erste chinesische Porzellan kam nicht direkt aus China, sondern aus verschiedenen Ländern des Nahen Ostens, die Porzellanwaren aus China importierten. Laut Aufzeichnungen osmanischer Historiker sah und überzeugte sich Yavuz Selim während seines Feldzuges nach Agypten und dem Iran von der Qualität chinesischen Porzellans und brachte bei der Heimkehr sämtliche Exemplare mit. Seinem Beispiel folgend liessen fast alle seiner Nachfolger ständig Porzellan aus China importieren.

Celadongefässe - die metallenen Teile wurden nachträglich im Serail hinzugefügt.

Die europäischen Länder lernten chinesisches Porzellan erst viel später kennen und schaetzen.

Die chinesische Porzellansammlung im Topkapı Palast lässt sich folgendermassen klassifizieren:

Historisch gesehen sind Porzellanwaren aus vier verschiedenen Perioden vertreten:

— Periode der Song Dynastie (960-1279)
— Periode der Yuan Dynastie (1280-1368)
— Periode der Ming Dynastie (1368-1644)
— Periode der Ch'ing Dynastie (1644-1912)

Von der Art her lässt sich die Sammlung in Celadone, blau-weisse einfarbige und mehrfarbige Porzellanwaren unterteilen.

Die Porzellanherstellung in China erreichte während der **Song Dynastie** von der Qualität und von der Vielfalt her ihren Höhepunkt.

Die Celadone, von den Osmanen **Mertabani** genannt, weil sie vom Hafen Martaban in Burma aus importiert wurden, sind in grosser Anzahl in der Sammlung vorhanden. Sie verdanken ihren Ruhm ihrer hellgrünen Farbe und der Härte ihrer Glasur und sind zumeist mit Drachen-, Fisch-, Pflanzen-und geometrischen Motiven verziert. Die Celadone sind in Form von Teller, Vasen, Schalen und Kannen vertreten.

Kobalt, welches dem Porzellan und den Kacheln eine typische blaue

Farbe verleiht, war schon im 11.Jhd. in verschiedenen islamischen Ländern und besonders im Iran bekannt.Durch den Importund die Verwendung von Kobalt brachten die Chinesen ihre Porzellankunst zu einer vollkommeneren Entwicklung. Die Verwendung von Kobalt unter der Glasur wurde in China erstmals im 14.Jhd. praktiziert und dauerte bis zum 19.Jhd., wobei das berühmte blau-weisse Porzellan entstand. Die schönsten Exemplare blau-weissen Porzellans stammen aus der Zeit der Yuan und Ming Dynastie.

Chinesische Schüssel, Räuchergefäss mit Zufügungen von türkisch-osmanischer Metallfeinarbeit (16. Jh.).

Dunkelblaues Schnabelkännchen und eine Schüssel aus der Ming-Zeit.

Diese Sammlung ist eine der grössten Sammlungen des Palastes: sie enthält 5000 einzelne Exemplare. Das Interesse des osmanischen Hofes für europäisches Porzellan erwachte zu dem Zeitpunkt, als die erste türkische Porzellanfabrik gegründet wurde. Besonders Sultan Abdülhamit II. bemühte sich sehr darum. Zu seiner Zeit entstand eine Sammlung europäischen Porzellans im Yıldız Palast. Die engen politischen Beziehungen mit Frankreich trugen auch sehr viel dazu bei. Daraus ist ersichtlich, dass ein grosser Teil der Porzellansammlung vom Yıldız Palast in den Topkapı Palast gebracht worden war. Fast alle Exemplare der Sammlung sind Geschenke von europäischen Ländern. Die Sammlung besteht aus deutschem, wiener und russischem Porzellan. Die meisten Stücke stammen aus dem 18. und 19.Jhd.

In der Sammlung ist **Meissner Porzellan** aus verschiedenen Perioden und Erzeugnisse der **Berliner Porzellanfabrik** am meisten vertreten.

Das **wiener Porzellan** hat roten Untergrund und ist wie auch bei vielen anderen europäischen Porzellanwaren, mit Nachahmungen chinesischer Motive verziert.

Die Sammlung enthält auch französisches Porzellan in reichlichem Masse wie **Sevres, Limoges** und **Fontainebleu.**

In der Sammlung befinden sich Exemplare **böhmischer, venezianischer, irischer** und **französischer Kristall-und Glaswaren.** Alle sind Geschenke aus dem Ausland.

Die Herstellungstechnik und Gestalt der Kristallwaren weisen die typischen Merkmale europäischer Werkstätten auf. Nur bei einzelnen wenigen Exemplaren, die als Geschenke für den osmanischen Hof hergestellt worden waren, trifft man auf türkische Formen und Motive.

Deutsches Porzellan.

Schwedische Vase (1885).

Hier wird nur ein kleiner Teil der über 3000 Exemplare umfassenden Silbersammlung des Topkapı Plastes ausgestellt. Bekanntlich, wurden am osmanischen Hof Silberwaren gern und viel benutzt. Diese wurden in den Werkstätten des Palastes sowie in verschiedenen anderen Werkstaetten Istanbuls hergestellt, und dem Sultan als Geschenk angeboten. Einige unter ihnen sind jedoch Geschenke aus dem Ausland.

Das älteste Stück der Sammlung ist die silberne Schüssel Sultan Süleyman des Prächtigen. Sie trägt seinen offiziellen Namenszug. Ebenso tragen viele andere Silberwaren die offiziellen Namenszüge verschiedener Sultane wie z.B. Sultan İbrahim, Sultan Mehmet IV, Sultan Ahmet III, Sultan Abdülaziz und Sultan Abdülhamit II. Einige von diesen Silberwaren wurden auf Bestellung der Sultansgattinen hergestellt.

Die Geschenke, die Sultan Abdülhamit II zur 25. Jahresfeier seiner Thronbesteigung überreicht wurden, bilden einen wichtigen Bestandteil der Sammlung. Unter ihnen befinden sich silberne Modelle von Bauten, Denkmälern und Brunnen.

Auf den europäischen Silberwaren, die sich in Form und Verzierungen von den anderen unterscheiden, befinden sich auch verschiedene Siegel. Die meisten sind Exemplare französischer, deutscher, englischer und russischer Silberschmiedekunst.

Modeli des Brunnens von Sultan Ahmed III. aus Silber - Ein Geschenk an Sultan Abdulhamit II. anlässlich des 25. Jahres seiner Herrschaft.

Die Waffen, die im Gebäude der alten Schatzkammer ausgestellt werden, sind nur ein kleiner Teil der grossen Waffensammlung des Topkapı Palastes.

Wertvolle Waffen, von Feinden auf dem Schlachtfeld hinterlassen, oder von freundlich gesinnten Herrschern verschiedener Länder dem Sultan als Geschenk dargeboten, ebenso Waffen, die in einheimischen Werkstätten, hauptsächlich in der Waffenschmiede des Palastes hergestellt worden waren, bereichern die Sammlung.

Eigentlich gehörte es zur Tradition, die Waffen der Sultane und **türkischer Helden** im Palast aufzubewahren. Aber die ältesten Waffen kamen nach dem Ägypten-Feldzug Yavuz Sultan Selims in den Palast.Diese Waffen sind besonders wichtig, weil sie einen Überblick über die Entwicklung und Geschichte der Waffenschmiedekunst bieten. Yavuz Sultan Selim brachte sowohl die Waffen der Herrscher und Feldherren mit denen er Krieg führte, als auch die Waffen des Propheten Mohammed, die Waffen der vier Kalifen und anderer, für die Welt des Islams wertvoller religiöser Personen in den Topkapı Palast. So begannen sich von diesem Zeitpunkt an in den Schatzkammern des Palastes nebst türkischen Waffen auch **arabische, persische** und **mamelukische** Waffen anzusammeln.

Persische, mamelukische und türkische Säbel weisen im Allgemeinen gemeinsame Eigenschaften auf. Zunächst wurden sie gerade und zweispitzig hergestell. Später nahmen sie, nach einigen Formumwandlungen, die leicht gekrümmte und einspitzige Form an. Das hervorragenste Beispiel für einen türkischen Säbel, ist der Säbel Fatih Sultan Mehmets.

Die gleichen gemeinsamen Eigenschaften, wenn auch von einigen unbedeutenden Unterschieden begleitet, kann man ebenso an den Rüstungen feststellen. Die Kettenpanzer sind an den empfindlichen und leicht verwurdbaren Stellen des Körpers mit Stahlplatten verstärkt. Unter diesen Rüstungen wurden mit Koranversen und Namenszügen religiöser Persönlichkeiten beschriftete Hemden getragen. Auch die stänlernen Rüstungsplatten tragen ähnliche Inschriften. In der Sammlung werden ausserdem verschiedene Helme, Beile, Streitäxte, Pfeile, Bögen und Speere der Perser, Mameluken und Türken ausgestellt.

Charakteristischer türkischer Schild mit Blumenmuster, die Mitte ist aus Metall, die Peripherie aus Schilf (16. Jh.).

Pferdekopfharnisch (16. Jh.).

Einige europäische Waffen, die als Geschenk oder Krigesbeute zu der Sammlung kamen, ein indischer Schild und eine japanische Rüstung gehören zu den interessantesten Einzelexemplaren.

Zahlreiche Feuerwaffen wie mit Perlmutter oder Elfenbeinintarsien verzierte und edelsteinbesetzte Pistolen und Gewehre stammen aus dem 17. bis 18.Jhd.

Nachdem der Topkapı Palast als Museum eingerichtet worden ist, werden die wertvollsten, mit Gold und Edelsteinen geschmückten Waffen in der Schatzkammer ausgestellt. Die Waffen des Propheten Mohammed und der islamischen Heiligen befinden sich im Saal der heiligen Reliquien.

Osmanischer Harnisch und Helm (15. Jh.).

"Kubbealtı" oder der Hohe Rat ist das Gebäude, in dem die Wesire und Staatsmänner Regierungsangelegenheiten besprachen. Aus diesem Grunde nimmt dieses Gebäude in der Osmanischen Geschichte eine wichtige Stelle ein. Rund 400 Jahre lang wurde es zum gleichen Zweck benützt. Es wurde einige male repariert und umgeändert. Seine jetzige Form und die Verzierungen stammen aus der Zeit Sultan Selim III und Sultan Mahmut II. Neben diesem Gebäude befindet sich ein Turm, allgemein als **"Turm der Gerechtigkeit"** bekannt, dessen oberes Stockwerk im 19.Jhd. errichtet wurde. In diesem Turm befindet sich ein **vergittertes Fenster,** das sich zu dem Versammlungsraum des Hohen Rates öffnet. Die Sitzungen des Hohen Rates wurden bis zur Zeit von Sultan Süleyman des Prächtigen vom Sultan persönlich geleitet. Als jedoch jemand aus dem Volke auf unbefugte Weise in den Hohen Rat eindrang, um sich dort zu beklagen, wurde beschlossen, dass der Sultan von nun an den Sitzungen hinter diesem Gitterfenster, genant die "Zuhörnische des Sultans", beiwohnen solle.

Es kam vor, dass manche Sultane, die von dort aus den Gesprächen und Beschlüssen folgten, die Sitzungen unterbrachen, indem sie an das Gitter klopften. Dieses Klopfzeichen bedeutete, dass der Sultan im Empfangsraum vom Grosswesir nähere Auskunft über die besprochene Angelegenheit zu erhalten wünschte. Weil es dem Sultan jederzeit möglich war, hinter dem Gitterfenster ungesehen und unbemerkt an den Sitzungen des Hohen Rates teilzunehmen, achtete man, so wird behauptet, im Hohen Rat besonders darauf, keine falschen Entscheidungen zu treffen.

Botschafterempfang im Ratsaal (Stich von M.D'Ohsson).

Die Pforte der Weissen Aghas

Im "Divan" wurden verschiedene Staatsangelegenheiten und Probleme der Bevölkerung besprochen. Danach speisten die Wesire gemeinsam.

In der Nähe des Sitzungsraumes befanden sich ein **Schreibraum,** in dem alles Besprochene schriftlich niedergelegt wurde, ein Archiv, sowie Erholungs-und Teeräume.

Diese Pforte am Eingang zum dritten Hof des Palastes ist auch als die **Pforte der Glückseligkeit (Bâbü's-sa'âde),** und weil sie sich gegenüber dem Saal der Ehrerbietung befindet, als **Pforte der Ehrerbietung** bekannt. Die Pforte nahm ihre heutige Form im 18.Jhd. an.Auf ihr befinden sich ein Koranvers und der offizielle Namenszug Sultan Mahmut II. Ausserdem ist sie beiderseitig mit namenszugähnlichen Schriften verziert.

Diese Pforte wurde zum Schauplatz der wichtigsten Ereignisse des Topkapı Palastes, ja sogar der osmanischen Geschichte überhaupt. Denn hier fanden die Thronbesteigungszeremonien der Sultane, die Empfangnahme der nachfolgenden Beglückwünschungen, sowie die Todeszeremonien statt. Hier wurden die Beschwerden der Janitscharen und des Volkes, sowie Beglückwünschungen zu verschiedenen Festen entgegengenommen; hier wurde das Reichsbanner dem in den Krieg ziehenden Wesir anvertraut. In verschiedenen Miniaturen und Malereien ist diese Tradition auf lebendigste Weise festgehalten worden. Ausserdem wird der jeweilige Ablauf dieser Festlichkeiten in den Zeremonienbüchern des Palastes bis in die Einzelheiten genau beschrieben.

Das grösste Zeremoniell war zweifellos die Thronbesteigung eines Sultans nach dem Tode seines Vorgängers. Denn die Begräbnisfeier des verstorbenen Sultans und die Thronbesteigungszeremonie seines Nachfolgers fanden gleich nacheinander, am gleichen Tag und am gleichen Ort, nämlich vor dieser Pforte statt.

Auf der linken Seite hinter der Kaminnische, gleich nach dem Eingang, befanden sich die Schlafgemächer der weissen Aghas, rechts davon die Gemächer des Aghas der Pforte der Glückseligkeit, des höchsten Bevollmächtigten für die Aufsicht über den Palast, und die Wohnräume der anderen Aghas von hohem Range.

Entgegennahme der Festtagsgratulationen durch Selim III. vor dem Tor der weissen Eunuchen (Kapıdağlı Konstantin).

Der dritte Hof: „Enderun"

Die wörtliche Bedeutung von Enderun ist "innen". Dieser innere Hof spielte eine wichtige Rolle im täglichen Leben des Sultans. Er ist rundherum mit den Räumlichkeiten der **Leibdiener des Sultans** umgeben. Diese Aghas des Enderun wurden schon im Kindesalter von ihren Familien getrennt, in besonderen Schulen für den Dienst im Palast vorgebildet und dann in den Enderun aufgenommen, wo sie die privaten Dienste des Sultans versahen und zugleich weitergebildet wurden. Der Enderun war sozusagen eine höhere Lehranstalt mit Praktikum. Die Aghas bekamen hier nicht nur eine Berufsausbildung sondern wurden auch in den schönen Künsten, wie z.B. Musik, Schönschrift unterrichtet. Abgesehen davon wurde auch die militärische Erziehung und Bildung nicht vernachlässigt.

Im Enderun gab es vier Dienstklassen : **Seferli, Hazineli, Kilerli** and **Hasodalı.** Die Seferli waren für die Wäsche des Sultans verantwortlich und

Kupferstich des 3. Hofes des Serails aus dem Jahre 1839 (von W.H. Bartlett).

widmeten sich daneben den schönen Künsten; die Hazineli bewachten die Schatzkammer; die Kilerli versahen den Tafeldienst und kümmerten sich um die Speisen des Sultans und den Hasodalı oblag die Bewachung der heiligen Reliquien. Diese vier Dienstklassen des Enderuns gehörten zu dem intimsten Dienstkreis des Sultans.

Heute befindet sich in den Schlafgemächern der Seferli die Sammlung der Sultansgewänder, im Palais Sultan Mehmet des Eroberers und in der Schatzkammer der Sultansschatz, in den Schlafgemächern der Kilerli die Museumsdirektion und in den Schlafgemächern der Hazineli die Portraitgalerie und der Ausstellungsraum. Die Schlafgemächer der Hasodalı, welche sich neben dem Gebäude der heiligen Reliquien befinden, werden als Ausstellungsräume verwendet. Wie daraus zu ersehen ist, hat man sich bemüht, die eigentlichen Funktionen der einzelnen Gebaeude und Räumlichkeiten so gut wie möglich zu bewahren.

Botschafterempfang durch den Sultan im Audienzsaal (von M.D'Ohsson).

Enderun Hof (aus Hünername, 1584).

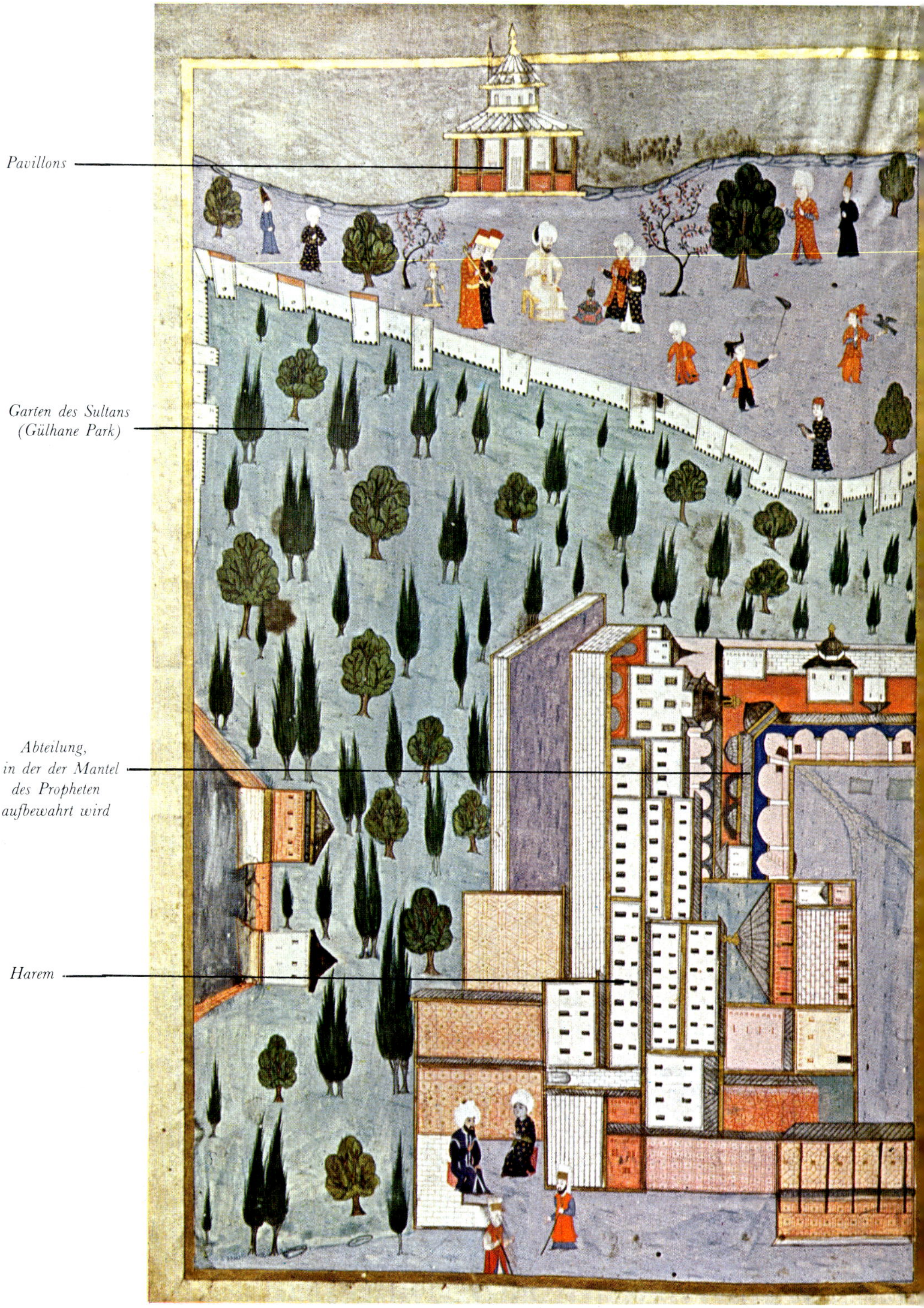

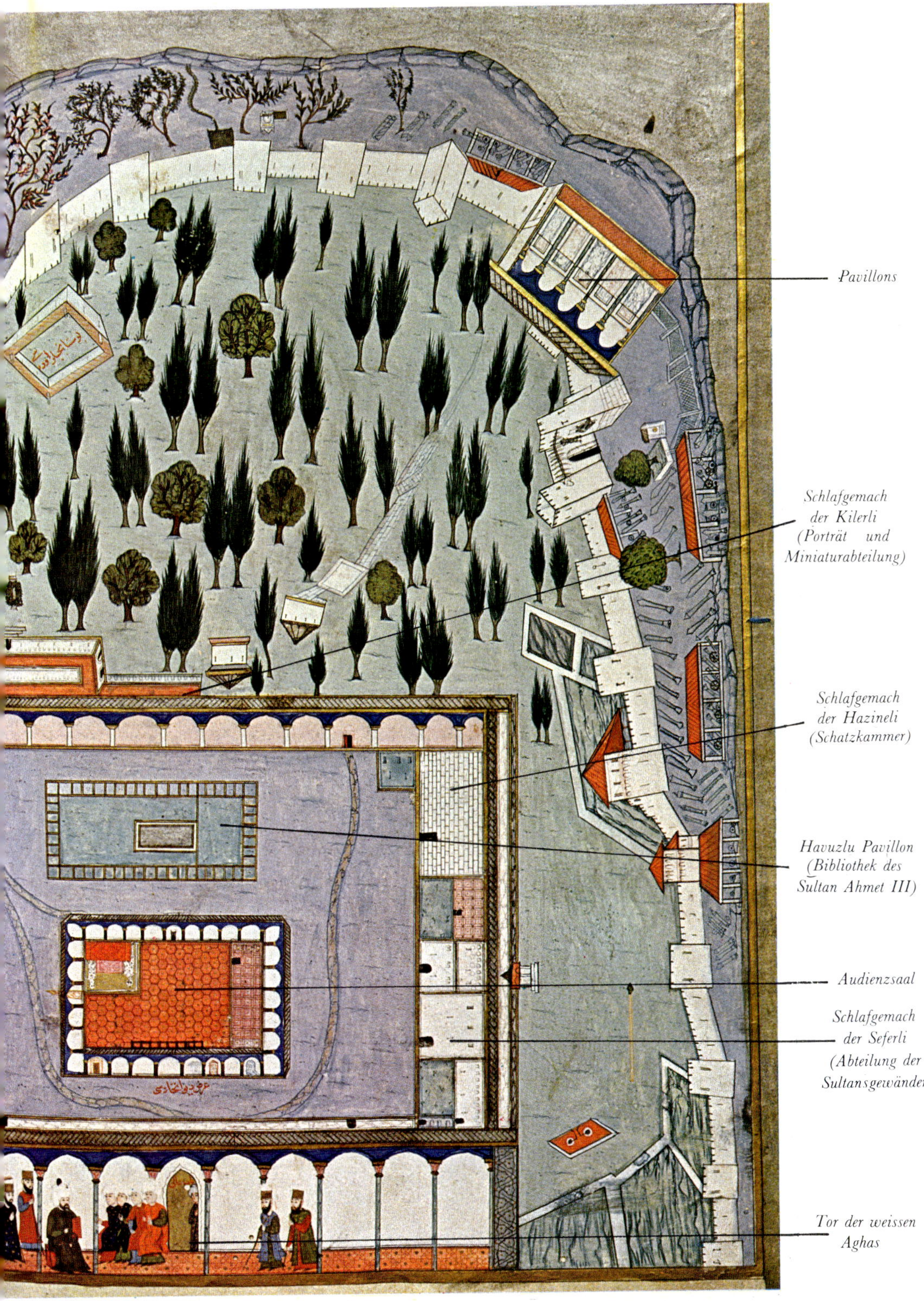
Pavillons
Schlafgemach der Kilerli (Porträt und Miniaturabteilung)
Schlafgemach der Hazineli (Schatzkammer)
Havuzlu Pavillon (Bibliothek des Sultan Ahmet III)
Audienzsaal
Schlafgemach der Seferli (Abteilung der Sultansgewänder)
Tor der weissen Aghas

Gegenüber der Pforte der Glückseligkeit (bzw. der Pforte der weissen Aghas) befindet sich der Saal der Ehrerbietung. Die breiten Vordächer dieses Gebäudes, die von zweiundzwanzig Säulen getragen werden, der Brunnen an der Vorderseite, die Kacheln und die marmornen Geländer verleihen ihm einen eindrucksvollen Anblick. Dieser für Zeremonien vorgesehene Saal ist ebenso wie die Pforte der Glückseligkeit eines der wichtigsten Gebäude. Hier war für den Sultan persönlich ein **Thron mit Baldachin** aufgestellt. In diesem Saal empfing der Sultan die fremden Gesandten, den Grosswesir und andere hohe Staatsbeamten. Diese Szenen sind in verschiedenen Miniaturen und Stichen wiedergegeben. Auch diese Zeremonien hatten ein eigenes Protokoll, eigene Regeln.

An den Wänden dieses Saales befinden sich Kacheln aus dem 15. Jhd. Den baldachin liess Sultan Mehmet III errichten. Die von vier gewundenen Säulen getragene Kuppel des Baldachins ist mit Lackverzierungen versehen. Diese Verzierungen bestehen hauptsächlich aus legendären Pflanzen-und Tiermotiven.

Auf dem Thronsitz befinden sich eine mit Edelsteinen besetzte Decke sowie ebenfalls mit Edelsteinen besetzte Kissen. In einem dahinter gelegenen Wandschrank wurden einst die Turbane des Sultans aufbewahrt. Das Gebäude wird von einem Lustgarten eingerahmt, von dem aus eine Treppe zu einem Hof in Richtung der Bibliothek Sultan Ahmed III. führt. Das Gebäude wurde im 19. Jhd. zu seiner heutigen Form umgebaut.

Aussenansicht des Audienzsaales.

Obwohl diese Sektion den Namen "Sultansgewänder" trägt, werden hier zumeist die Kaftane, d.h. die Übergewaender der Sultane, die zugleich auch die traditionelle Tracht des türkischen Volkes ist, ausgestellt.

Der **Kaftan** ist ein Gewand, das vorne offen ist und über der Unterwäsche getragen wird. Er wird durch einen Gürtel über dem Leib zusammengehalten und oben am Hals durch Knöpfe oder Schnüre geschlossen. In dieser Abteilung sind mit Pelz besetzte Kaftane und solche aus leichtem Stoff ohne Pelzfutter und aus berühmten türkischen Stoffen wie Velours (Çatma), Seide (Kemha), Mohair (Sof) hergestellte Kaftane ausgestellt. Der Kaftan ist ein typisch türkisches Kleidungsstück, das sie lange bevor sie nach Anatolien kamen, noch in Zentralasien zu tragen pflegten. Der Kaftan wurde oft auch erfolgreichen Staatsmännern und Feldherren als Geschenk überreicht. Mit der Zeit hat sich eine reiche Folkloretradition um den Kaftan entwickelt.

Unter dem Kaftan wurde ein anderes, ebenso traditionelles türkisches Kleidungsstück, die Pumphose, getragen. Die Hose im westlichen Sinne wurde erst nach den Beziehungen zu Europa zur Zeit Sulten Mahmut II (1785 - 1839) eingeführt und getragen.

Wir verdanken die Aufbewahrung der Kaftane und der anderen Gewänder der Sultane bis zum heutigen Tage, einer türkischen Tradition.

Laut dieser heute noch gültigen Tradition werden die Kleidungsstücke des verstorbenen Familienoberhauptes in Tücher eingeschlagen aufbewahrt. So wurden die Gewänder der Sultane und anderer berühmter Staatsmänner nach

Sultan Suleiman der Prächtige, im Kaftan mit Pelzfütterung.

Çatma-Kaftan von Sultan Mehmed dem Eroberer.

ihrem Tode, in den eigenst für sie errichteten Mausoleen aufbewahrt: Dank dieser Tradition ist es heute möglich, die Gewänder aller Sultane seit Sultan Mehmed dem Eroberer, im Topkapı Palast zu besichtigen.

In dieser Sektion werden wir nicht nur über die Gewänder der Sultane, sondern auch über **die wertvollen türkischen Stoffe,** aus denen sie hergestellt wurden, belehrt. Ausserdem werden in dem inneren Saal, neben dem grossen Ausstellungsraum einzelne Muster dieser Stoffarten ausgestellt.

Ein Teil dieser Stoffe wie z.B. Mohair (Sof), feine gerippte Rohseide (Bürümcük) und Wolltuch (Çuha) weisen keine Muster auf. Andere Stoffe wie matte Seide (Canfes) und Satin (Atlas) sind in sich gemustert.

Die berühmtesten türkischen Stoffe, Kemha (Seide), Çatma (in der Stadt Bursa hergestellter Velours) und Seraser (dünner Wollstoff mit eingewebten Goldfäden), sind wiederum durch ihre Muster bekannt, die jedoch je nach Epoche Variationen aufweisen.

Die Muster im 14. und im 15. Jhd. sind gross. Gegen Ende des 15. Jhd.'s verkleinern sich die Muster, aber sie weisen dagegen eine grössere Vielfalt auf. Im 16. und 17. Jhd. erreichte die türkische Stoffwebkunst ihren Höhepunkt.

Die Muster aus dem 14., 15. und zum Teil aus dem 16. Jhd. sind zentralassiatischen Ursprungs : ineinandergreifende Ringe, die sich in einem Punkt vereinen, Tupfen, chniesische Wolken usw.

Später herrschen Pflanzenmotive vor : Nelken, Tulpen, verschnörkelte Zweige, Frühlingszweige, Granatäpfel mit Blättern und Äpfel sind die am häufigsten auftretenden Muster.

Die Gewänder der Haremsfrauen sind leider nicht mit gleicher Sorgfalt aufbewahrt worden. Der Umstand, dass die Mütter und Gattinen verstorbener Sultane in den alten Palast umzogen und die Töchter durch Heirat den Topkapı Palast verliessen, trug wesentlich dazu bei.

Sultanskaftan Kemha (16. Jh.).

Mit Edelsteinen geschmückter Festhelm.

Das Palais, das Sultan Mehmed der Eroberer auf einer byzantinischen Ruine errichten liess, wurde später als Schatzkammer benutzt. Diese Tradition wurde auch beibehalten, nachdem der Palast in ein Museum umgewandelt wurde. Im ersten Stock dieses Gebäudes befindet sich heute noch ein kapellenähnlicher Bau. Die Schatzkammer, als Palais des Eroberers bekannt, war höchstwahrscheinlich der erste im Topkapı Palast eingerichtete Wohnsitz des Sultans. Zu dieser Zeit (1478) war der Harem noch nicht gebaut. Es wid vermutet, dass dieses Palais erstmals von Yavuz Sultan Selim als Schatzkammer verwendet wurde. Der Schatz erreichte zur Zeit dieses Sultans seinen Höhepunkt an Reichtum So wurde auch die Schatzkammer jahrhundertelang mit dem Siegel Yavuz Sultan Selims verschlossen.

Die Schatzkammer wurde von ihren Bewachern jeweils nach einer Zeremonie geöffnet und wieder geschlossen.

Zwischen der Schatzkammer und den Schlafgemächern der Seferli, die heute zur Aufbewahrung und Ausstellung der Sultansgewänder dient, befindet sich ein Bad. Es wird gesagt, dass Sultan Selim II, der dieses Bad erbauen liess, dort ausrutschte und an den Folgen dieses Sturzes starb.

Der erste der vier Säle der Schatzkammer öffnet sich zu diesem Bad.

Die Wertsachen, die heute in der Schatzkammer ausgestellt werden, sind eigentlich nur die mit Edelsteinen besetzten Gold-und Silbergegenstände. Andere Wertsachen werden in den entsprechenden Abteilungen des Museums, wie z.B. der Porzellansammlung, der Abteilung der Gewänder, der Uhrensammlung usw. ausgestellt.

Dagegen befinden sich in der Schatzkammer einige Wertgegenstände, die eigentlich in den Saal der heiligen Reliquien gehören.

Die Wertgegenstände, die sich in der Schatzkammer und im Saal der heiligen Reliquien befinden, muss man von ihrer Art her von allen anderen Wertgegenständen, die in anderen Sektionen ausgestellt werden, unterscheiden. In den anderen Sektionen befinden sich nämlich Wertgegenstände gleicher Gattung. Hier aber befinden sich, ausser Stoffen und Lederwaren, Gegestände aller Art und aus jedem Material. Alle sind mit Edelsteinen besetzt und aus wertvollen Edelmetallen wie Gold und Silber hergestellt. Die wichtigsten unter ihnen sind Haushalts-und Küchenutensilien, Schmucksachen und Waffen. Jedoch wurden hier bis vor kurzem wertvolle Stoffe und edelsteinbesetzte Beschirrungen aufbewahrt und ausgestellt.

Eigentlich herrschte im osmanischen Palast bis zum 15. Jhd. grosse Bescheidenheit. Gold-und Silbergegenstände wurden nicht verwendet. Diese Tatsache ist auf die islamische Religion zurückzuführen, die Bescheidenheit vorschreibt. In der Periode des Aufstieges wurde allerdings dieser Grundsatz aufgegeben und der Palast erlebte eine lange Periode, in der Prunk und Pracht vorherrschten. Viele ausländische Gesandte und Reisende,denen es vergönnt war den Topkapı Palast zu betreten und dort an Festmählern teilzunehmen, berichten von diesem Prunk. Aber das mit Edelsteinen besetzte goldene und silberne Tafelgeschirr wurde ausschliesslich bei offiziellen Festgelagen für Gesandte verwendet. Ebenso wurden bei solchen Anlässen wertvolle Schmucksachen und Gewänder getragen, um den Gästen mit Reichtum und Prunk zu imponieren.

Die in der Schatzkammer ausgestellten Wertgegenstände kann man in vier Gruppen zusammenfassen :

1- In den Palastwerkstätten hergestellte Wertgegenstände,
2- Von ausländischen Staatsmännern überreichte wertvolle Geschenke,
3- Von den eroberten Ländern erbeutete Wertgegenstände,
4- Wertgegenstände, die Grosswesire und Wesire in veschiedenen Teilen des osmanischen Reiches anfertigen liessen, um sie als Geschenk dem Sultan zu überreichen, oder die durch den Tod ihrer Besitzer dem Staat zufielen und in den Palast aufgenommen wurden.

Die in den Werkstätten des Palastes hergestellten Wertegegenstände wurden meisst nach Wunsch und Geschmack des Sultans angefertigt. Deshalb ist es sehr schwer, diese in einheitliche Gruppen und Herstellungstechniken einzuteilen sowie den anonymen Charakter einer Kunstrichtung festzustellen.

Ausserdem sind ausser Schönschriften, Miniaturen und Waffen, die wenigsten Kunst-und Wertgegenstände vom Künstler signiert.

Die Wertgegenstände, die in dieser Abteilung ausgestellt werden, sind aus Gold, Silber, Zink und Tombak. Ausserdem befinden sich unter ihnen einige Werke aus Elfenbein, Koralle, Edelholz und Porzellan.

Bei Feiern benutzte Feldflasche. (16. Jh.).

Alle sind mit Diamanten, Smaragden, Rubinen, Perlen besetzt und mit Emailleverzierungen versehen.

Bei den Verzierungen wurden Techniken wie Ajourarbeit, getriebene Arbeit, Ziselierung und "Savat" (ein Verfahren, bei dem den silbernen Gravuren eine aus Silber, Weisskupfer, Blei und Schwefel zusammengeschmolzene Masse eingestrichen wird, die beim Brennen schwarz emailliert) angewandt. Später benutzte man auch die Applikationstechnik. Im 16. Jhd. befanden sich unter den Künstlern, "Ehl-i Hiref" (Meister der Künste) genannt, über 100 Goldschmiede.

Weil es nicht Brauch war, Schmucksachen der Frauen in der Schatzkammer aufzubewahren, befinden sich kaum Schmuckstücke der Hofdamen in der Schatzkammer.

Die Schatzkammer besteht aus vier Sälen. Bei den ausgestellten Wertgegenständen ist weder eine chronologische Folge, noch eine Unterteilung in Arten vorgenommen worden. Trotzdem sind gleichartige Wertgegenstände im gleichen Saal zu besichtigen.

Pfeilköcher mit goldenen Zierplättchen auf Stoff.

Dolche mit Emaille- und Diamantbesatz.

Topkapı - Dolch, angefertignt als Geschenk für Nadir Schah.

Erster Saal : Die meisten Wertgegenstände, die hier ausgestellt werden, sind aus Gold und mit Perlen besetzt. Vershiedenes **Kriegszubehör** vom Panzer bis zum Dolch ist mit Edelsteinen besetzt. Diese wurden eher bei Zeremonien benutzt. Im gleichen Saal sind Vasen und Schalen aus Zink, goldene Gebrauchsgegenstände, **ein Modell eines chinesischen Palastes** und **eine indische Spieldose aus Gold in Form eines Elefanten** besonders sehenswert. Die meisten von diesen Gegenständen wurden dem Sultan als Geschenke aus dem In-und Ausland überreicht.

Auf der Nordseite der mittleren Vitrine befinden sich verschiedene kleine Gegenstände von denen jedes einzelne ein Kunstwerk von Goldschmiedearbeit ist.

In der langen Vitrine vor der Wand nehmen die **Geschenke, die zum 25, Sultanatsjahr Sultan Abdülhamit II überreicht wurden** einen wichtigen Platz ein. Unter ihnen befindet sich ein mit Diamanten besetzter Spazierstock aus Ebenholz, der ein Geschenk indischer Moslems ist.

Der zweite Saal ist mehr für die smaragdenen Wertgegenstände reserviert. Hier befinden sich verschiedenartige Smaragde vom rohen Zustand bis zum wertvollsten Schliff. Obwahl Topas nicht so wertvoll wie Smaragd ist, war er am osmanischen Hof sehr beliebt. In der Vitrine neben der Tür sind eine grosse Menge von Topas-Steinen zu sehen. In den Vitrinen entlang der linken Wand befinden sich Smaragdschmuckstücke, mit denen die Gemächer und Turbane der Sultane geschmückt wurden. Der schönste Smaragd ist zweifellos am Knauf des berühmten **"Topkapı Dolches"** angebracht. Dieser Dolch war von Sultan

Mit Smaragden und Perlen verzierter Wandschmuck.

Sultansaigrette.

Turban mit Aigrette.

Goldschmuck mit Rubin- und Smaragdbesatz.

Der Diamant des Löffelmachers.

Mahmut I als Geschenk an den persischen Herrscher Nadir Schah gesandt worden. Doch als man von der Ermordung Nadir Schah's erfuhr, brachte man den Dolch wieder in die Schatzkammer des Topkapı Palastes zurück. Am Knauf dieses Dolches befindet sich eine Uhr mit Deckel. Nadir Schah hatte Sultan Mahmut I einen in Indien hergestellten Thron geschenkt.

Die mit Edelsteinen besetzte Schale aus Jade, ein Geschenk des russischen Zaren Nikola II, welche sich in der Vitrine an der Wand befindet, gehört zu den wichtigsten und wertvollsten Exemplaren der Schatzkammer.

Der Thron, der in diesem Saal zu besichtigen ist, gehört Sultan Ahmet I. Er ist mit Perlmutter eingelegt und hat einen mit Bergkristallen und Edelsteinen besetzten Baldachin.

Bergkristall und Jade wurden in den Werkstätten des Palastes oft bearbeitet. Besonders in der **Bearbeitung von Bergkristall** ist eine Stileinheit zu erkennen. Durch Schliff wurde ihnen ihre Form gegeben und sodann wurden sie mit Goldplaketten und Edelsteinen geschmückt. In der langen Vitrine zur Nordseite des Saales sind etliche Beispiele solcher Kunstwerke zu sehen.

In der Vitrine neben der Tür, die zum dritten Saal führt, befindet sich eine mit Goldplaketten beschlagene **Prinzenwiege.** Auch sie ist mit Edelsteinen besetzt. Der grosse Rubin in der gleichen Vitrine und der ebenfalls mit Rubinen besetzte Hängeschmuck an der Wand, sind die wichtigsten Rubinkunstwerke der Schatzkammer.

Im dritten Saal werden **Geschenke aus Europa,** Orden und Brilliantgeschmeide ausgestellt. Einige sind Emailleverziert. Tafelgeschirr und Trinkgeschirr ist auch reichlich vertreten. Die Orden sind Geschenke europäischer, persischer und russischer Herrscher. Das wertvollste und berühmteste Exemplar in diesem Saal ist zweifellos der **Diamant des Löffelschnitzers.** Er ist birnenförmig und facettiert. Er hat 86 Karat und ist rundherum mit 49 grossen Brillianten versehen. Obwohl behauptet wurde, dieser Diamant sei der historische

Festtagsthron.

Pferdeaigrette mit einem Diamanten in der Mitte.

Der Kevkeb-i Durri Diamant

Der Diamant des Silahtar Mustafa Pascha (Anfang 17. Jh.)

Orden aus der Zeit von Abdulhamid und Abdulmedschid.

Pigot-Diamant, erwähnen historische Quellen, dass er in einem Misthaufen bei Edirnekapı, einem entlegenen Viertel Istanbuls gefunden wurde (17. Jhd.). Weil er von einem Trödler gegen drei Holzlöffel eingetauscht wurde, nannte man ihn den "Diamant des Löffelschnitzers" Nachdem man seinen Wert erkannte, wurde der Diamant in die Schatzkammer des Palastes aufgenommen. In der mittleren Vitrine links befinden sich edelsteinbesetzte Ringe, Broschen, Ohrringe und drei weitere historische, berühmte Diamanten :

-Kevkeb-i Durri (Ferner Stern),
-Şeb Çırağ (der Nachterhellende)
-Diamant des Silahtar Mustafa Paşa.

Kevkeb-i Durri wurde von Sultan Ahmed I für das Grabmahl des Propheten beordert.

Süsspeisengedeck mit goldenem Tablett, mit Brillanten geschmückt.

Auch die beiden grossen **Kerzenständer aus purem Gold,** von denen jeder 49 Kilo wiegt, wurden auf Befehl Sultan Abdülmecid's für die Kaaba hergestellt. Sie sind mit tausenden von Diamanten besetzt und beide mit dem ebenfalls diamantbesetzten offiziellen Namenszug des Sultans versehen.

Der für den Festtag bestimmte Thron, der sich im gleichen Saal befindet, ist goldbeschlagen und mit Topas besetzt. Dieser Thron wurde vor die Pforte der Glückseligkeit gestellt, damit der Sultan von dort aus die Glückwünsche zu den Festtagen entgegennahm. Er stammt aus dem 16. Jhd. und ist auf verschiedenen Miniaturen aus jener Zeit zu sehen.

In der grossen Vitrine in der Mitte des **vierten Saales,** fällt sofort **der Thron im indischen Still** ins Auge. Dieser elegante Thron ist mit Gold beschlagen und mit in Pflanzenmotiven angeordneten Edelsteinen besetzt. Er ist ein Geschenk Nadir Schah's an Sultan Mahmut I und stammt aus dem 18. Jhd.

Die Gürtel, Amulette und Kelche, die in der Vitrine auf der Meerseite ausgestellt sind, gehören dem **persischen Herrscher Ismail Schah** und wurden von Yavuz Sultan Selim, nach seinem Sieg in Çaldıran, in den Topkapı Palast gebracht.

In den übrigen Vitrinen werden Kunstwerke verschiedener Art ausgestellt. In der ersten Vitrine an der Nordwand des Saales befinden sich mit Edelsteinen besetzte **Schachspiele** aus Gold und Bergkristall, sowie **Schnupftabak- und Duftdosen** usw. In den anderen Vitrinen befindet sich **chinesisches Porzellan,** welches in den Werkstätten des Palastes mit Edelsteinen besetzt worden war. An der Westwand werden eine **mit Edelsteinen besetzte goldene Buchhülle, eine Sammlung von aus verschiedenen wertvollen Materialien hergestellten Löffeln, das Schwert des Kalifen Osman,** der krumme Säbel Sultan Süleyman des Prächtigen, in einer anderen Vitrine mit Elfenbeinintarsien geschmückte und mit Edelsteinen besetzte **Gewehre** ausgestellt. Die Keulen aus Metall und Bergkristall sind ebenfalls mit Edelsteinen besetzt. Diese wurden vom Sultan und seinen männlichen Familienangehörigen bei Zeremonien getragen. Einige sind Geschenke von den Künstlern, die diese Keulen herstellten.

Unter den **Schatullen,** die in verschiedenen Formen vertreten sind, befindet sich eine aus Sandelholz. Diese Schatulle des Uluğ Bey aus dem 15. Jhd. ist ein Prachtstück türkischer Holzschnitzerei.

Bevor man den vierten Saal verlässt, erblickt man in der Vitrine links von der Tür einige **Reliquien.** Es wird behauptet, dass sie **die Hand-, Arm- und Schädelknochen Johnnes des Täufers** sind. Sie werden in metallenen und mit Edelsteinen besetzten Kästchen aufbewahrt. Auf welche Weise und woher diese Reliquien in den Topkapı Palast kamen, ist umbekannt. Man weiss nur, dass die Ritter von Rhodos und der Vatikan während der Verhandlungen mit Sultan Beyazıt II über die Rückgabe seines Bruders Cem diese Reliquien forderten.

Mit Edelsteinen geschmückter indischer Thron (Geschenk von Nadir Schah an Sultan Mahmut I.) (18. Jh.).

Portraits der Sultane

Murat IV.

Mahmut I.

Ahmet III.

Portrait des Sultan Selim des Gestrengen.

Im zweiten Stockwerk des Gebäudetrakts, das ehemals den Schatzwächtern des Enderun als Schlafgemach diente, sind heute die Portraits der Sultane ausgestellt.

Diese bestehen aus 37 Exemplaren, welche alle osmanischen Sultane in chronologischer Reihenfloge wiedergeben. Es gibt auch andere Portraits der gleichen Sultane, deren Gattinnen und osmanischer Staatsmänner, die aber nicht ausgestellt werder. Ein Teil dieser Portraits befand sich schon seit je her im Topkapı Palast. Die übrigen wurden aus anderen Palästen hierhergebracht oder von Sammlungen durch Kauf erstanden.

Die Maler der wenigsten dieser Portraits sind bekannt. Ein grosser Teil von ihnen sind Kopien von Originalen. Die Portraits von Sultan Mehmed dem Eroberer, Orhan Gazi und Sultan Selim II wurden von italienischen Künstlern gemalt. Das Portrait Sultan Mehmed des Eroberers ist ein Werk des italienischen Malers G.Bellini. Die Kopie des Orginals, welches sich zur Zeit in der National Gallery in London befindet,wurde im Jahr 1907 vom Hofmaler Zonaro angefertigt. Auch das Portrait Sultan Süleyman des Prächtigen ist höchstewahrscheinlich eine Kopie des Originals aus dem 16. Jhd.

Portrait des Sultan Suleiman des Prächtigen.

Die meisten Portraits der Ausstellung tragen die Signatur von **Konstantin aus Kapıdağ.** Dieser Maler hatte im Sonderauftrag von Sultan Selim II mehrere Portraits und Bilder gemalt. Auch die Portraits von Sultan Süleyman II, Sultan Ahmed II, Sultan Mustafa II, Sultan Selim II und die Szene der festlichen Glückwunschzeremonie stammen von dem gleichen Künstler. Das Portrait des Sultan Abdülaziz ist ein Werk des polnischen Malers Clobowski. Das Portrait von Sultan Murad V wurde von Aivazofsky und das Portrait des Sultan Reşad vom österreichischen Maler Krausz gemalt.

Portrait des Sultan Selim III. (Gemaelde von Kapıdağlı Konstantin).

Die Uhrensammlung wird im Hofe des Enderun, neben dem Saal der heiligen Reliquien, in dem ehemaligen Raum der Schatzkammer der Waffenmeister ausgestellt. Im Palast befinden sich rund 350 Uhren, die in verschiedenen Perioden verwendet wurden und von denen nur die Hälfte ausgestellt wird. Die meisten Uhren stammen aus dem 18. und 19. Jhd.

Nur 30 Uhren sind türkischen Ursprungs. Die übrigen wurden aus Europa gekauft oder wurden dem Sultan als Geschenk überreicht. Die Herstellung von Uhren in Istanbul begann nach dem 16. Jhd. Die Werkstätten der Uhrmachermeister befanden sich im Stadtviertel Galata.

Die ältesten **türkischen Uhren** stammen aus dem 17. Jhd. und es sind ihrer vier. Die später hergestellten Uhren weisen Merkmale des Einflusses englischer Uhrmacher auf. Die türkische Uhrmacherkunst entwickelte sich erst im 19. Jhd. zur vollen Blüte.

Die meisten der türkischen Uhren sind signiert. Dadurch sind uns die Meister, die sie hergestellt haben, bekannt. Diese Meister bearbeiteten ausser dem Uhrwerk auch das Zifferblatt und die Fassung der Uhren mit grosser Kunstfertigkeit. Die meisten Uhrmachermeister des 19. Jhd.'s gehörten der Sekte der Mevlevi, dem Orden der tanzenden Derwische an. Deshalb wurden die meisten Uhren in Form

Eine Ecke aus der Uhrenabteilung.

der von den Mevlevi getragenen Filzmützen hergestellt. Alle Uhrmachermeister standen unter dem perszönlichen Schutz des Sultans.

Die Uhren der Sammlung stammen grösstenteils aus **England, Deutschland, Österreich, Frankreich, Russland** und aus der **Schweiz.** Sie wurden von den Staatsmännern dieser Länder oder durch ihre Botschafter als Geschenk an den Sultan überreicht. Wegen der grossen Beliebtheit englischer Uhren, befinden sich viele Exemplare der Marke **Markwick - Markham** in der Sammlung.

Im 18. Jhd. wurden aus Frankreich Uhren mit der Signatur **Le Roy** angekauft.

Sowohl die englischen, als auch die französischen Uhren waren Sonderanfertigungen für das osmanische Reich. Daher weisen die Zifferblätter arabische Ziffern auf. Manche sind auch mit Landschaftsbildnissen aus Istanbul verziert. Die meisten von ihnen sind Spieluhren.

Englische Uhr mit Orgel, (18. Jh.).

Türkische Uhr mit Holzgehäuse.

Verschiedene Gegenstände aus dem Besitz des Propheten Mohammed und aus der Kaaba, die in den Topkapı Palast gebracht worden waren, wurden dort sorgfältig gehütet und gepflegt. Die osmanischen Sultane waren im vollen Bewusstsein der Verantwortung, die die Aufbewahrung der für die islamische Welt so wichtigen und wertvollen Reliquien ihnen auferlegte. Die mit Edelsteinen besetzten goldenen und silbernen Kästchen, in denen die Reliquien aufbewahrt werden und die eigenst in den Werkstätten des Palastes angefertigten Verzierungen aus Gold und Edelsteinen auf den Säbeln islamischer Heiliger sind ein Zeichen dafür, welchen Wert man ihnen beimass. Die Kisten, Kästchen und Schatullen, die für die Aufbewahrung der heiligen Reliquien hergestellt wurden, zählen zu den wertvollsten Besitztümern des Palastes. Ausserdem war eigenst für die Bewachung des Saales der heiligen Reliquien ein Sonderstatus unter den Bediensteten des Palastes aufgestellt.

Wir wissen aus historischen Quellen, dass die personlichen Besitztümer des Propheten und seiner allerersten Nachfolger zur Zeit Yavuz Sultan Selims, persönlich von dem damaligen Kalifen El Mütevekkil II aus Agypten mitgebracht wurden, als er nach Istanbul kam um das Kalifat an den Sultan abzutreten. Auch später wurden einige Reliquien nach Istanbul gebracht. Die wichtigsten unter diesen sind Name-i Saadet, ein Brief des Propheten und eines seiner Schwerter. Der brief wurde zur Zeit des Sultan Abdülmecit und das Schwert zur Zeit des Sultan Reşad in den Topkapı Palast gebracht.

Die heiligen Reliquien bestehen aus :

1- den persönlichen Besitztümern des Propheten
2- den Schwertern der Kalifen, der allerersten Nachfolgern des Propheten und islamischer Heiliger
3- den Gebrauchsgegenständen der Kalifen, der allerersten Nachfolgern des Propheten, islamischer Heiliger and anderer Propheten
4- dazu kommen Korane, religiöse Bücher, Schriften und Gebetstafeln.

Die persönlichen Eigentümer des Propheten sind folgende :

Hırka-i Saadet - **Hausrock des Propheten**

Der Hausrock des Propheten ist ohne Zweifel das wichtigste Stück unter den persönlichen Eigentümern des Propheten. Er befindet sich, in wertvolle Tücher eingeschlagen, in einer goldenen Schatulle, die wiederum in einer goldenen Kiste aufbewahrt wird. Die goldene Kiste hatte Sultan Abdülaziz anfertigen lassen. Der Hausrock des Propheten ist ausschwarzemWolstoff mit cremefarbener Fütterung.

Er befand sich zunächst im Besitz der Omaijaden, dann der Abbasiden und gelangte später durch Sultan Yavuz Selim in den Topkapı Palast. Der Hausrock des Propheten wurde jedes Jahr am fünfzehnten Tage des heiligen Fastenmonats Ramadan, mit einer besonderen Zeremonie vom Sultan besucht.

Eingang in das Hırka-i Saadet Dairesi.

Seyf-i Nebevi - **Die Schwerter des Propheten**

Die historiker berichten, dass der Prophet Mohammed 9 Schwerter besessen habe, von denen er das eine, Zülfikar genannt, dem Heiligen Ali schenkte. Ein anderes habe er von seinem Vater geerbt. Nur zwei dieser Schwerter befinden sich im Topkapı Palast. Diese teilweise mit Gold verzierten Schwerter, von denen eines mit Edelsteinen besetzt ist, werden im ersten Thronraum ausgestellt, wo sich auch der Hausrock des Propheten befindet. Ausserdem befindet sich dort ein Bogen des Propheten. Dieser Bogen ist aus einem schilfrohrähnlichem Material hergestellt und hat ein mit Blattgold verziertes **Etui.**

Name-i Saadet - **Brief des Propheten**

Mit diesem Brief rief Mohammed den koptischen Herrscher Mukavvas auf, sich zum Islam zu bekennen. Er wurde im Jahre 1850 in Ägypten, zufälligerweise, am Deckel eines alten Buches klebend aufgefunden. Der Brief besteht aus auf Leder geschriebenen 12 Zeilen und trägt **das Siegel des Propheten.**

Im Saal der heiligen Reliquien befinden sich noch weitere 6 Briefe des Propheten von denen einige unlesbar sind.

Blick in das Hasoda von aussen; im Hintergrund die Kiste mit dem Mantel des Propheten, vorne die Schwerter des Propheten, sein Pfeilbogen mit Schutzscheide.

Mühr-i Saad et - **Das Siegel des Propheten**

Historiker berichten, dass das Siegel des Propheten zunächst auf die Kalifen Ebubekir, Ömer und Osman übergegangen sei und dass Osman es in einen Brunnen fallen liess. Das im Saal der heiligen Reliquien ausgestellte Siegel wurde gegen Mitte des 19. Jhd.'s in Baghdad gefunden und in den Topkapı Palast gebracht.

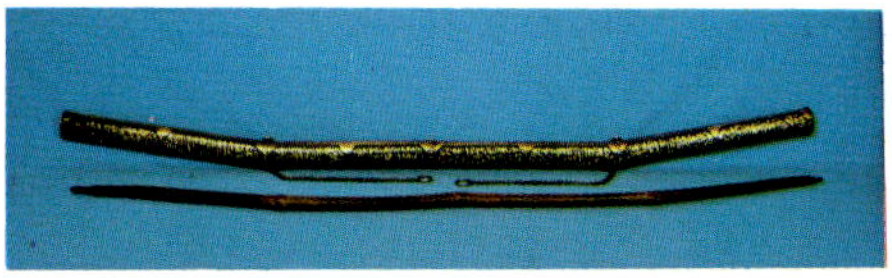

Waffen des Propheten Mohammed.

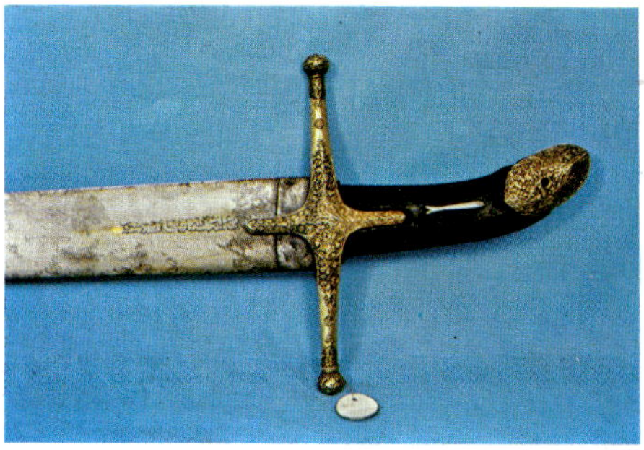

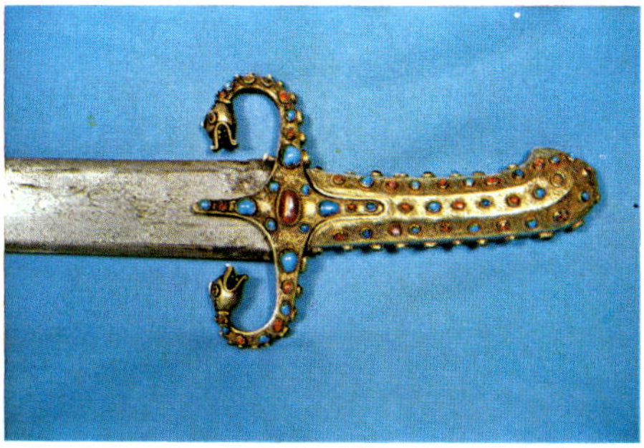

Dendan-ı Saadet - **Der Zahn des Propheten**

Ein während der Uhud-Schlacht abgebrochenes Stück vom Zahn des Propheten, wird in einem mit Edelsteinen besetzten goldenen Etui aufbewahrt. Das Etui hatte Sultan Mehmet IV anfertigen lassen.

Lihye-i Saadet - **Barthaare des Propheten**

Im Saal der Heiligen Reliquien befinden sich ungefähr 60 Barthaare des Propheten. 24 von ihnen werden in goldenen, mit Edelsteinen besetzten oder mit Perlmutter eingelegten Etuis aufbewahrt. Einige sind ausgestellt.

Nakş-ı Kadem-i Şerif - **Fussabdruck des Propheten**

Im Saal der heiligen Reliquien sind 6 Fussabdrücke des Propheten auf Ziegeln oder Steinen zu sehen.

Fussabdruck des Propheten Mohammed.

Von dem mit einem goldenen Deckel und einem goldenen Rahmen versehenen Fussabdruck des Propheten auf einem Stein wird gesagt, dass es der Stein war, auf den er trat, als er zum Himmel emporstieg.

Sancak-ı Şerif - **Banner des Propheten**

Historische Quellen berichten davon, dass der Prophet während seiner Feldzüge ein schwarzes und einige weisse Banner tragen liess. Die Ukap genannte schwarze Fahne, die in einer kleinen Schatulle aufbewahrt wird, soll von einem Agypter Namens Hayırbay an den Topkapı Palast gesandt worden sein. Leider hat sie unter der Witterung und durch langjährige Verwendung sehr gelitten.

So wurde später eine Fahne aus grüner Seide angefertigt, worauf Teile der schwarzen Fahne des Propheten aufgenäht wurden.

Süyuf-u Mübareke - **Heilige Schwerter**

Im Saal der heiligen Reliquien befinden sich ausser den beiden Schwertern des Propheten 20 weitere Schwerter, von denen zwei den allerersten Nachfolgern des Propheten gehörten. Über die anderen ist nichts näheres bekannt. Manche von den Schwertern wurden später, in den Werkstätten des Palastes mit Gold, Silber und Edelsteinen verziert. Die ausgestellten Schwerter, sind folgende (in chronologischer Reihenfolge) :

- **Schwert des Heiligen Davud**
- **Schwert des Heiligen Ebubekir**
- **Schwert des Heiligen Osman**
- **Schwert des Heiligen Ali**
- **Schwert des Heiligen Zeynel Abidin**
- **Schwert des Heiligen Zübeyr Ibn-i Al Avam**
- **Schwert des Ebul Hasan (Schreiber des Propheten)**
- **Schwert des Heiligen Cafer-i Tayyar**
- **Schwert des Heiligen Halid bin Velid**
- **Schwert des Heiligen Amman bin Yasir**

Ausserdem befinden sich im Saal der heiligen Reliquien einige persönliche Besitztümer der allerersten Nachfolger des Propheten und anderer islamischer Heiliger. Ebenso werden dort **Korane** aufbewahrt, von denen einige dem Heiligen

Schwert und Schwertscheide des Omar.

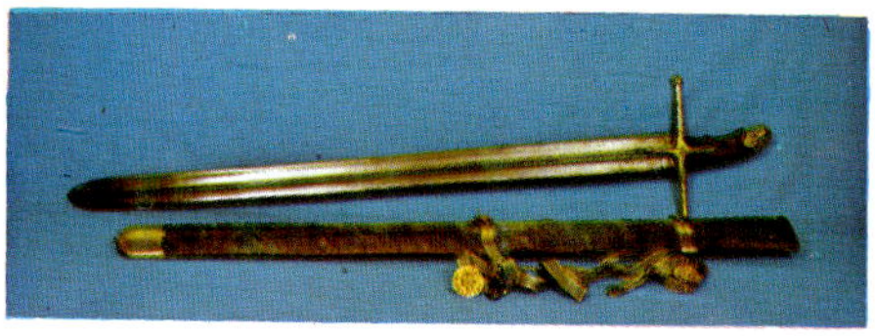

Schwert des Omar.

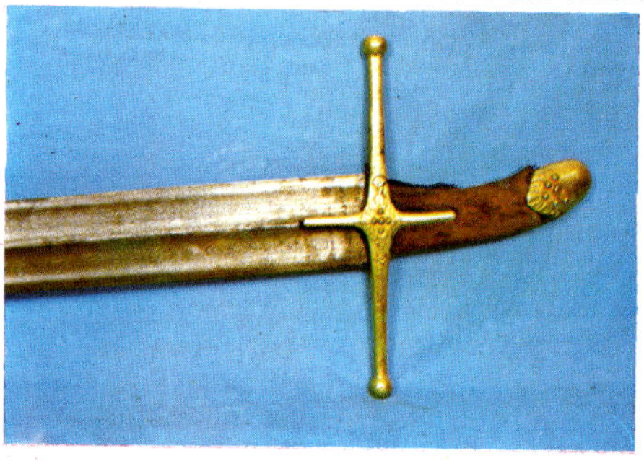

Schwert des Osman.

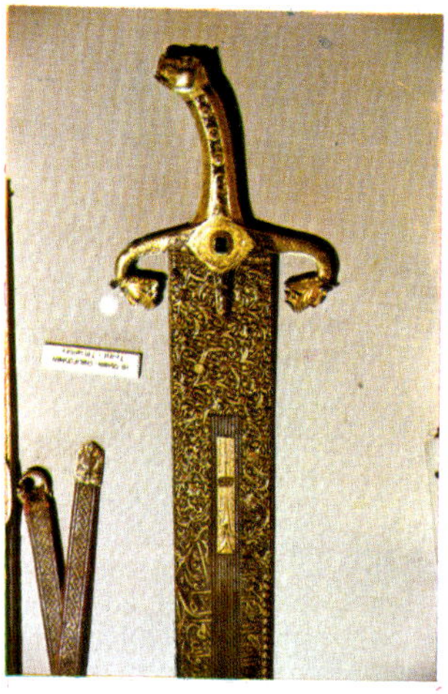

Osman und dem Heiligen Ali zugesprochen werden, abgesehen davon **Gegenstände aus der Kaaba.**

Die Gegenstände aus der Kaaba bestehen aus Überbleibseln von Reparaturen, welche von verschiedenen Sultanen angeordnet wurden. Die wichtigsten unter ihnen sind **Etuis vom Hacer-i Esved,** dem schwarzen Stein vor der Kaaba, der von den Pilgern geküsst wird, **Regenrinnen der Kaaba, Decken der Kaaba** und 34 **Schlüssel** und **Schlösser** von grossem künstlerischem Wert.

Dachrinne aus der Kaaba.

Blick auf das Hırka-i Saadet Dairesi.

Die Bibliothek, die sich hinter dem Saal der Ehrerbietung befindet, wurde, wie auch aus ihrem Namen zu ersehen ist, auf Wunsch Sultan Ahmed III errichtet (1719). In ihr befanden sich 3515 handgeschriebene Werke in türkischer, arabischer und persischer Sprache. Nachdem der Palast in ein Museum umgewandelt wurde, schaffte man diese Werke, samt der Bücher des Revan Pavillons in die nebenan gelegene Moschee der Aghas. Heute befinden sich in dieser Bibliothek nur Einbände der Bücher.

Diese Bibliothek, die in der Mitte des Enderun Gartens durch ihre zierliche Architektur auffällt, liegt über einem Parterre. Es sollte dazu dienen, die Bücher vor der Feuchtigkeit zu schützen. Vor der Bibliothek erstreckt sich ein schmaler Säulengang, zu dem eine Treppe emporführt. Dieses stimmungsvolle Bild vervollständigt ein hübscher Brunnen.

Die zahlreichen Fenster der Bibliothek lassen das Tageslicht in den Lesesaal hereinströmen. Die Kachelwand im Inneren der Bibliothek aus dem 16. Jhd., die Bücherschränke und deren mit Perlmutter und Elfenbeinintarsien verzierte Deckel gehören zu den schönsten Beispielen türkischen Kunsthandwerks. Die Themen der Bücher sind auf den Schränken angegeben. An der Wand befindet sich eine Schönschrift Sultan Ahmed III, der ein Meister dieser Kunst war.

In der Bibliothek werden ausserdem **die Stiftungs-und Inventarbücher der Bibliothek und die Hacke, mit der ihr Fundament ausgegraben wurde,** ausgestellt. Das Fundament der Blauen Moschee wurde mit der selben Hacke ausgegraben.

Bibliothek des Sultan Ahmet III.

Landkarte des Piri Reis (1513); der Osten Amerikas, Westküsten von Europa und Afrika.

Eine Seite aus dem Buch "Varka ve Gülşah", ein Prunkstück der Topkapı Serail-Bibliothek.

Bagdad - Pavillon und Militärkapelle der Janitscharen.

Von dem "Enderun" genannten mittleren Hof aus gelangt man über drei Gänge, deren einer überdacht ist, in einen vierten Hof. Dieser Hof ist mit seinen schönenGartenanlagenund den in seinen Ecken errichteten Pavillons eher ein Ort der Ruhe und Beschaulichkeit. So verbrachte der Sultan mit seiner Familie den grössten Teil seiner Zeit in diesen Gärten und Pavillons. Hier fanden auch die berühmten Gartenfeste der "Tulpenära" statt. Dieser Hof besteht aus verschiedenen Terrassen, die durch Abstufungen voneinander getrennt sind. Architektonisch meisterhaft gebaute Pavillons, die geschickt auf diesem Hof verteilt sind, sowie etliche Springbrunnen bilden die Eigenschaft des **"vierten Ortes".**

An der Nordseite des Geländes befindet sich eine Marmorplattform mit einem grösseren **Springbrunnen.** Diese Plattform ist über Stufen zu erreichen. Der Springbrunnenist mit den Revan-, Baghdad und Beschneidungspavillons und mit einer Laube umgeben.

Der Revanpavillon: Sultan Murad IV hatte ihn als Andenken an den Feldzug nach Revan (1635) errichten lassen. Dieser Pavillon ist achteckig. Die innere Dekoration des Pavillons trägt die typischen Merkmale der architektonischen Verzierungen des 17. Jhd's. Die Fenster sind mit bunten Gläsern, die Türen und Schrankdeckel mit Perlmutter-und Schildpattintarsien verziert. Auch die Kacheln sind sehr bemerkenswert. Dieser Pavillon diente eine zeitlang auch als Bibliothek.

Der Baghdadpavillon: Sultan Murad IV liess ihn erbauen, um seinen Feldzug nach Baghdad zu verherrlichen (1639). Er ist der zierlichste und ästhetisch

Bagdad- und Mustafa Pascha Pavillons; Kupferstich (von W.H. Bartlett, 1839).

schönste Pavillon des Palastes Auch dieser Pavillon ist achteckig und wird an seiner Nordseite von Säulen gestützt. Er hat breite Vordächer. Die Wände sind von innen und aussen mit wertvollen Kacheln bedeckt. Türen und Schranktüren gehören zu den schönsten Exemplaren türkischer Perlmutterintarsienarbeit. Die bunten Fenstergläser sind hervorragende Beispiele osmanischer Glaskunst. Unter diesen Fenstern und um das Gebäude laufend befinden sich auf Kacheln geschriebene Koranverse. Die Deckenverzierungen besonders die geometrischen Muster an den Seiten der Kuppel sind seltene charakteristische Exemplare türkischer Kunst. Rechts vom Eingang des Pavillons befindet sich ein wunderschöner mit Blattgold verzierter Kupferherd.

Der Beschneidungspavillon: wird auch der Saal der Beschneidung genannt. Er wurde von Sultan İbrahim I, dem Nachfolger Sultan Murad IV als Gegenstück zu dem Revan-und dem Baghdadpavillon erbaut. Das Innere und die äussere Südwand dieses Pavillons ist mit wunderschönen Kacheln verziert. Besonders bemerkenswert sind die mit blauen Pflanzenmustern bemalten Kacheln der Aussenwand, worunter Kacheln mit Tiermustern meisterhaft verteilt sind. In den Fensternischen befinden sich kleine Brunnen. Im Inneren des Pavillons befindet sich ein Kamin aus Kupfer mit Blattgoldverzierungen.In diesem Pavillon wurden die Beschneidungszeremonien der osmanischen Prinzen vorgenommen. In der **Laube** auf der Marmorterrasse gegenüber dem Goldenen Horn,brachen die Sultane im heiligen Fastenmonat Ramadan bei Sonnenuntergang ihr tägliches Fasten. Das Innere und Aussere des Baldachins ist mit Koran-und Gebetversen beschriftet.

Innenansicht des Bagdad -Pavillons.

Eine Ecke des Bagdad-Pavillons.

Bagdad Pavillon (Aussenansicht).

Mustafa Pascha Pavillon (Sofa-Pavillon).

Bassin vor dem Bagdad-Pavillon mit dem Beschneidungspavillon im Hintergrund.

Mecidiye Pavillon (19. Jh.).

Dieser Bau wurde zur Zeit Mehmed des Erobereres turmförmig in der den Palast umzingelnden Stadtmauer errichtet. Er diente jahrelang als **Hofapotheke** bezw. Arbeitsraum des Hofoberarztes und wurde im 19. Jhd. zum Musiziersaal der Aghas des Enderun umgebaut. Eine zeitlang diente er auch als **Waffenreparaturwerkstatt.**

Zur Zeit Sultan Mahmut II befand sich auf dem steinernen Turm ein Stockwerk aus Holz, welches später abgerissen wurde.

Hinter dem Turm befindet sich ein steinerner Sessel, von dem aus Sultan Murad IV den Wurfspeerturnieren zu Pferde (Cirit) zusah. Weil die Obererzieher der Zubereitung der Arzeneimittel durch den Hofoberarzt beiwohnten, wird dieser Turm auch der Turm der Oberrezieher genannt.

Alle medizinischen Utensilien und Apothekergegenstände, die sich im Palast befanden, wurden nach der Restaurierung in diesen Bau getragen, von dem heute nur noch zwei Stockwerke existieren. Im Jahren 1982 wurde hier von der Museumsdirektion eine eigene Abteilung eröffnet.

Im unteren Raum werden Arzeneien und Apothekerutensilien ausgestellt. Der obere Raum ist als das Arbeitszimmer des Hofoberarztes eingerichtet. Hier werden die Geräte des Arztes, medizinische Bücher und Tafeln ausgestellt.

Ölflasche mit Schutzhülle.

Obwohl die Bezeichnung Harem weltweit bekannt und geläufig ist, wurde das Gebäude in dem die Sultane mit ihren Frauen wohnten ursprünglich von den Osmanen **Dar'üs Saade,** Haus der Glückseligkeit, genannt.

Wenn vom Harem die Rede ist, sei es in Verbindung mit der Geschichte der Osmanen, oder sei es mit irgendeinem Herrschertum des Morgenlandes, immer stellt man sich darunter den geheimnisumwobenen Harem des Topkapı Palastes vor. Was weiss man eigentlich über den Harem, der jahrhundertelang den phantastischsten Stoff für die westliche und östliche Literatur geliefert hat? Die Tatsache, dass die islamische Sitte und die strikten Regeln des Topkapı-Harems den Ein-und Ausgang in den Harem allen Fremden ausser dem Sultan persönlich, seinen Familienangehörigen und den eigenst für den Harem bestimmten Dienstboten strengstens untersagte, umhüllte ihn in einen Schleier von Ungewissheit. Da jedes Verbot zugleich eine Verlockung ist, wurde viel Unwahres und Übertriebenes über das Leben im Harem erzählt und geschrieben.

War es tatsächlich verboten, ausserhalb des Harems über das private Leben des Sultans und seiner Frauen zu sprechen? Ein Dokument über soch ein Verbot existiert nicht. Eigentlich erübrigt sich ein solches Verbot, denn überall auf der Welt versteht es sich von selbst, dass das private Leben der Herrscher geheimgehalten wird. Der Unterschied im Topkapı Harem ist der, dass niemand ausser den Bediensteten den Harem betreten durfte, solange nicht eine Notlage es verlangte. Das Wort Harem bedeutet "verbotener Ort". Weder der Grosswesir und die Wesire, noch Botschafter, oder das Hofpersonal waren befugt, diesen verbotenen Ort zu betreten. In der ganzen Geschichte der Osmanen durften nur einige Fremde den Harem betreten und zwar der Hofoberarzt, einige Handwerker, Klavier-und Orgelstimmer usw. Auch diese Personen konnten nur über den Bau und über die Inneneinrichtung des Harems berichten, denn niemand ausser dem Arzt hatte je die Frauen des Harems zu Gesicht bekommen.

Die Festmähler, Empfänge und Sitzungen für türkische und fremde Staatsmänner fanden stets ausserhalb des Harems statt.

Der Harem.

Obwohl das Leben im Harem unbekannt ist, geben verschiedene Dokumente über Organisation und Arbeitsteilung im Harem Kenntnis. Die Ausgaben für Nahrung und Kleidung lassen auf die Zahl der Einwohner; die Gehälter und Ernennungsdokumente auf ihre Bezeichnungen, die Stiftungen, die sie gründeten, auf ihren Charakter schliessen. Ausserdem ist es möglich, aus vielen schriftlichen Dokumenten und Briefen, die die Sultane und Hofbediensteten hinterliessen, auch einiges über das Leben im Harem zu erfahren.

Obwohl Sultan Mehmed der Eroberer den Topkapı Palast errichten liess, zog der Harem erst 70 Jahre danach in den Palast. Bis dahin wohnten die Frauen des Hofes im alten Palast, der sich im heutigen Stadtviertel Beyazıt befindet. Wann der Bau des Harems im Topkapı Palast begann und wann der Umzug stattfand steht heute noch zur Diskussion. Aber viele historische Quellen berichten davon, dass der Harem zur Zeit Sultan Süleyman des Praechtigen, auf das Drängen seiner Gattin Hürrem (Roxelane) hin errichtet wurde. Der Umzug erfolgte in verschiedenen Phasen, so dass der ganze Harem erst **zur Zeit Sultan Murad III** vollständig in den Palast umgezogen war.

Steinhalle der Valide Sultan.

Später liess fast jeder Sultan Anbauten zum Harem errichten. Dadurch verlor das Gebäude sein eigentlich geplantes System und erhielt die heutige unübersichtliche, komplizierte Form. Nicht alle Sultane lebten in diesem Harem oder sie lebten dort nur Zeitweise. Die meisten bevorzugten den Palast in Edirne oder die kleinen Palais und Pavillons, die sie an den Ufern des Goldenen Horns und des Bosphorus errichten liessen.

Nach der Errichtung des Dolmabahçe Palastes im Jahre 1853, zog der ganze Harem in diesen Palast um.

Der Harem des Topkapı Palastes besteht aus drei Hauptabteilen:

1- Abteil der schwarzen Eunuchen-Aghas

2- Abteil der Frauen

3- Abteil des Sultans

Den Einwohnern des Harems standen ungefähr 300 Gemächer zur Verfügung darunter u.a. Bäder, Toiletten, ein eigenes Krankenhaus für die Dienerinnen und Küchen. Der Harem, der an Grösse fast einem kleinen Stadtviertel gleichkommt, ist mit **überdachten Säulengängen** und von Gemächern umgebenen **Steinfluren** ausgestattet. Jeder Steinflur mit den ihn einschliessenden Gemächern stellt eine Einheit dar.

Sultansraum, Thronplatz.

Vom Palast aus konnte man durch **zwei verschiedene Tore** in den Harem gelangen. Das erste Tor war das **Tor der Pferdewagen** und das zweite das **Tor der Kasserollen,** durch welches die Speisen hereingetragen wurden. Der Ein-und Ausgang beider Tore wurde von den **schwarzen Eunuchen-Aghas** strengstens überwacht. So dienten alle Räumlichkeiten zwischen diesen beiden Toren vollständig den Bedürfnissen der dort wohnenden schwarzen Eunuchen-Aghas. Diese Aghas wurden zumeist aus Ägypten indemPalast gesandt wo sie eine sorgfältige und strenge Erziehung genossen. Der oberste Agha der Eunuchen wurde "Agha das hauses der Glückseligkeit" genannt und stand dem Sultan am nächsten. Er war die mächtigste Person im Palast gleich nach dem Grosswesir.

Das Eingangstor, das sich heute neben dem Gebäude des Hohen Rates befindet,war eigentlich der Eingang zu den Gemächern der schwarzen Eunvehen. Die Hofdamen verliessen durch dieses Tor den Harem, um bei gelegentlichen Ausfahrten ihre Kutschen zu besteigen.

Gleich hinter diesem Tor befindet sich der **Raum mit Schränken,** über den vielen Gerüchte umlaufen. Weiter auf der linken Seite befindet sich die kleine Moschee der schwarzen Enuchen-Aghas. Sowohl diese kleine Moschee, als auch alle Wände, die in die überdachten und offenen Höfe blicken, sind mit Kacheln verziert. Über den Toren, überdachten Höfen, Steinfluren und Germächern befinden sich Inschriften mit Lobsprüchen über den Sultan.

Der **Kontrollturm** des Palastes und das Tor des Turmes, von dem aus der Sultan den Sitzungen des Hohen Rates beiwohnte, befinden sich zur rechten Seite des Steinflures. Auf der linken Seite erhebt sich ein dreistöckiges Gebäude mit den **Schlafgemächern der Eunuchen.** In den oberen Stockwerken dieses

Sultansraum, eine Eckansicht.

Harem, Brunnendiele.

Gebäudes wohnten die auszubildenden und fortgeschritteneren Eunuchen und im unteren Stockwerk die dienstälteren Eunuchen. Dahinter befinden sich die Gemächer der **Beschützer der Jungfrauen** und die **Schule der Prinzen.**

Die von den Frauen bewohnten Flügel des Harems gruppieren sich um drei Steinflure : **Steinflur der Sultansmutter,** Steinflur der leibeigenen Dienerinnen, Steinflur der Günstlinge und Sultansgattinen. Der Steinflur der Sultansmutter hat eine zentrale Lage, die es ermöglicht, den ganzen Harem unter Kontrolle zu halten. Von diesem Steinflur aus, der sich vor dem Gemach der **Sultansmutter** erstreckt, führen verschiedene Türen und Gänge zu den Gemächern der leibeigenen Dienerinnen, der Sultansgattinnen, der Prinzen, des Kronprinzen und der Günstlinge des Sultans. Die Gemächer der Sultansgattinnen blicken ebenfalls auf diesen Steinflur. Das **Gemach der Sultansmutter** ist das grösste Gemach im Harem nach dem Gemach des Sultans. Es besteht aus einem Empfangssaal, einem Schlafzimmer, einem Gebetszimmer, etlichen Zimmern zum Ausruhen, Toiletten und einem Bad. Das Gemach der Sultansmutter hat einen Ausblick auf das Goldene Horn. Sultan Selim III liess für seine Mutter Mihrişah einen eigenen Flügel über diesem Gemach errichten.

Wie überall im Topkapı Palast sind auch hier die Spuren verschiedener Zeitalter vom 16., bis zum 19. Jhd. zu erkennen. Aber der Haupteinfluss bei den Verzierungen liegt im 18. und 19. Jhd. Fast alle Wände sind gekachelt. Die Decken- und Kuppelverzierungen und einige Fresken enthalten

Brunnen im Raum des Sultan Murat III.

Pflanzenornamente und Landschaftsbilder. Das grosse Bad dieses Flügels grenzt an das Bad des Sultans.

Die dienstälteren leibeigenen Dienerinnen, die Meisterinnen, Gesellinnen und Haushofmeisterinnen, die im Auftrag der Sultansmutter den Harem leiten, wohnten in den Gemächern neben dem Gemach der Sultansmutter. Diese Gemächer blicken auf einen separaten aber viel **kleineren Steinflur.** Jedes Gemach hat einen Vorraum, ein Empfangszimmer, ein Schlafzimmer, einen Ankleideraum, einen Waschraum und Toilette. Ausserdem gehört dazu ein gemeinsames Bad, das ebenfalls in den kleinen Steinflur blickt. **Alle anderen leibeigenen Dienerinnen** wohnten gemeinsam in den Räumlichkeiten, welche sich auf dem Hang zum Palastgarten befinden. Dort befand sich auch ihr eigenes **Krankenhaus.** Diese Steingebäude sind noch heute erhalten. Das Krankenhaus hat einen Krankensaal, ein Bad, Toiletten, verschiedene Diensträume, einen Totenwaschraum und ein separates Tor für die Abführung der Toten.

Der Steinflur der leibeigenen Dienerinnen ist durch einen langen **Korridor** mit dem Wachplatz der Haremswächter verbunden. Es wird vermutet, dass die stufenartigen Erhöhungen in diesem Korridor als Ablage für die Speiseplatten,

Harem, Gewölbe des Sultan Murat III. Raums.

Harem, Naschzimmer (18. Jh.).

wahrend der Beförderung der Mahlzeiten in den Harem dienten. **Der Steinflur der leibeigenen Dienerinnen** ist durch separate Türen mit dem Steinflur und dem Gemach der Sultansmutter verbunden.

Die Gemächer der Sultansgattinnen erstrecken sich entlang der Nordseite des Steinflures der Sultansmutter. Die oberen Stockwerke auf der Ost- und Westseite dieses Steinflures waren ebenfalls für die Sultansgattinnen und deren leibeigenen Dienerinnen und Gesellinnen bestimmt.

Eines der beiden **grossen Bäder,** welche sich gleich neben dem Gemach der Sultansmutter befinden, gehört der Sultansmutter. Das andere Bad ist für den Sultan bestimmt. Beide Bäder tragen alle typischen Merkmale des traditionellen türkischen Bades und bestehen aus Räumlichkeiten zum An- und Auskleiden, schwach-und starkbeheitzten Abteilen. In dem starkbeheitztem Teil, wo zugleich gebadet wird, befinden sich marmorne Waschbecken und kleine Einzelwaschräume. Es wird vermutet, dass die bronzene Wasserleitung erst viel später, aus Sichherheitsgründen angebracht wurde.

Ein wichtiger Saal trennt das Gemach der Sultansmutter von dem Gemach des Sultans. Dieser Saal, welcher der grösste Raum im Harem ist, wird als **die Halle des Herrschers** bezeichnet. Er ist vom vom Steinflur der Sultansmutter, über die Kaminhalle und Brunnenhalle, und vom Eingang des Gemaches des Sultans und vom Speisesaal Sultan Ahmed II zu betreten.

In der Halle des Herrschers befinden sich ein Thron mit Baldachin für den Sultan und Sofas für die Sultansmutter, die Sultansgattinnen und die Günstlinge des Sultans. Einige andere Möbel, die nicht zur ursprünglichen Einrichtung dieser Halle gehören, sind Geschenke europäischer Herrscher. Die Balkons über den Sitzplätzen der Frauen sind für die Musikanten bestimmt. Daraus ist zu schliessen, dass diese Halle ein Saal für Unterhaltungen war, an denen der Sultan mit den Frauen des Harems gemeinsam teilnahm. Der Boden der Halle war einst teppichbespannt. An den Fenstern hingen Vorhänge aus kostbaren Stoffen. In der Mitte der Halle wurden verschiedene Tänze und Possen der Hofnarren und-Zwerge dargeboten. Jeder Sultan besass einen eigenen Mädchenchor, ein eigenes Orchester und eigene Tänzerinnen, welche unter den leibeigenen Dienerinnen ausgwählt und ausgebildet wurden. Alle Konzerte, Tanzvorstellungen und Unterhaltungen jeglicher Art fanden in dieser Halle statt.

Die **Verzierungen und Kacheln** an den Wänden und Kuppeln dieser Halle stammen aus verschiedenen Epochen. Hier wurden an Stelle von türkischen Kacheln Delfter Kacheln verwendet, die man eigenst aus Europa bringen liess.

Sowohl diese Kacheln,als auch die Barock und Rokokoverzierungen deuten darauf hin, dass in dieser Halle etliche Reparaturen im 18. Jhd. vorgenommen wurden. Der an den Kuppeln angebrachte Hängeschmuck jedoch ist typisch für türkische Kunst aus dem 16. Jhd.Der blau-weisse Kachelstreifen entlang den Wänden ist mit einem Koranvers (Ayet-el Kürsî) beschriftet.

Der Pavillon und der Steinflur, welche aus den Fenstern dieser Halle zu erblicken sind, wurden zur Zeit Sultan Osman III als Anbauten errichtet. Westlich davon befinden sich die Gemächer von Sultan Selim III und Sultan Abdülhamid I, die aber nicht zu besichtigen sind.

Das Gemach des Sultans :

Obwohl das Gemach des Sultans heute in Verbindung mit dem Ess- und Lesezimmer zu besichtigen ist, war es ursprünglich als einzelner Raum konzipiert. Dieses Gemach ist nach seinem Erbauer Sultan Murad III benannt und trägt alle Eigenschaften eines kleinen Pavillons. Sein Brunnen, sein Kamin, der Baldachin, die Kacheln und die Verzierungen an der Decke sind typisch für das 16. Jhd. Später liessen Sultan Ahmet I (Anfang 17. Jhd.) eine Bibliothek (**Lesezimmer**) und Sultan Ahmet III ein Esszimmer dazubauen. Die mit Perlmutter- und

Kronprinzenraum (Detailansicht einer Kuppel aus Çifte Kasırlar).

Schildpattintarsien geschmückten Schranktüren der Bibliothek und die Verzierungen an den Wänden sind kostbare Kunstwerke und gehören zu den schönsten Exemplaren türkischen Kunsthandwerks. Wegen der in Lackarbeit hergestellten Fruchtbilder an den holzgetäfelten Wänden, wird das Esszimmer des Sultan Ahmet III auch als **Zimmer den Früchte** bezeichnet. Es wird vermutet, dass dieses Zimmer im Jahre 1705 errichtet wurde.

Es konnte bis heute nicht festgestellt werden, wo der Sultan zu schlafen pflegte, oder wo sich sein Schlafzimmer befand. Historische Quellen berichten, dass an Ort un Stelle, wo der Sultan zu schlafen wünschte, sofort ein Bett mit Moskitonetz gerichtet wurde.

Im 17. Jhd. wurde dieses Gemach, das Sultan Murad III hatte errichten lassen, umgeändert und an seiner Nordseite das **Gemach des Kronprinzen** hinzugebaut. In diesem Gemach, das aus zwei miteinander verbundenen Zimmern besteht, kann man verschiedene Eigenschaften türkischer Baukunst beisammen besichtigen. Die Verzierungen auf dem Leintuch, mit dem die Kuppel bespannt ist, die Kacheln, die Glaseinlegearbeiten und perlmutternen Schranktüren sind

Kachel- und Gipswände im Kronprinzenraum.

besonders bemerkenswert. Beide Räume sind mit Kaminen ausgestattet und haben je zwei zierliche Brunnen in ihren Fensternischen. Die in den Steinflur blickende Aussenseite des Baus ist gekachelt und hat ein breites, reich verziertes Vordach.

Um den Steinflur herum, den man vom Gemach des Kronprinzen betritt, befinden sich die **Gemächer der Günstlinge des Sultans** und der **Sultansgattinnen.** Nordwärts erhebt sich der **Audienzsaal Sultan Abdülhamit I.** Manche historische Quellen berichten, dass einst an Stelle dieses Baukomplexes, welches gegen Ende des 18. Jhd's entstand, andere wichtige Bauten standen.

Der goldene Weg : ist ein enger Korridor, der den Harem durchquert. Dieser Korridor verbindet den Steinflur der schwarzen Eunuchen-Aghas mit der Terrasse des Saales der heiligen Reliquien. Es wird vermutet, dass die Wände dieses Korridors einst gekachelt waren. Ausserdem wird behauptet, dass dieser Korridor den Namen "Der goldene Weg" der Tatsache verdanke, dass der Sultan an Festtagen seinen leibeigenen Dienerinnen Goldstücke zu werfen pflegte, während er den Korridor entlangschritt.

Auf diesem Korridor befindet sich eine Treppe, die zu den Gemächern der Sultansgattinnen und deren leibeigenen Dienerinnen emporführt.

Die mächtigste Frau des Harems war stets die Sultansmutter, die auch den Harem leitete. Nach ihr kamen die Sultansgattinnen, die Odalisken, die Meisterinnen, die Gesellinnen und leibeigenen Dienerinnen.

Wie daraus zu ersehen ist, waren die leibeigenen Dienerinnen vom geringsten Dienstrang. Sie wurden im allgemeinen unter den Minderheiten des osmanischen Reiches ausgewählt und von Gouverneuren, Staatsmännern oder deren Schwestern dem Sultan geschenkt. Die meisten der leibeigenen Dienerinnen kamen aus Kaukasien, wobei zu erwähnen ist, dass tscherkessische Mädchen ihrer Schönheit, Begabung, Zärtlichkeit und Umgänglichkeit wegen, jahrhundertelang bevorzugt wurden.

Bei ihrer Ankuft in den Topkapı Palast wurden die **leibeigenen Dienerinnen** gründlich untersucht und je nach Schönheit und Begabung ausgesondert, um dann einzeln ausgebildet zu werden. Nach der Ausbildung wurden die schönsten unter ihnen in den privaten Dienst des Sultan zugeteilt, während die Übrigen verschiedene Dienste im Harem verrichteten. Für die Ausbildung der leibegenen Dienerinnen sorgten die rangälteren und erfahrenen Haushofmeisterinnen des Harems. Die leibeigenen Dienerinnen sind in drei Gruppen zu unterteilen : Lehrlinge, Gesellinnen und Meisterinnen.

Harem, Ofenhalle.

Die Zahl der leibeigenen Dienerinnen wechselte je nach Regierungsperiode der Sultane. Ihre Zahl, die Anfangs gering war, wuchs seit der Herrschaft Sultan Selim II. Historische Quellen berichten, dass bis zu 1200 leibeigene Dienerinnen im Harem beschäftigt wurden. Alle wurden gut bezahlt und durften, falls sie es wünschten, mit Ausnahne von Odalisken, nach einer gewissen Dienstzeit den Harem, bzw. den Topkapı Palast verlassen.

Manche leibegenen Dienerinnen wurden hohen Staatsbeamten angetraut, wobei ihre Heiratskosten vom Palast aus beglichen wurden. Alle Haushofmeisterinnen und Gesellinnen, die nicht im privaten Dienst des Sultans standen, durften nach neun Jahren den Palast verlassen und vom Sultan erbitten, ihnen eine Eheschliessung zu ermöglichen.

Die Sultane konnten mit den leibeigenen Dienerinnen, an denen sie Gefallen fanden, ihre Nächte verbringen. Aber es gab sehr viele leibeigene Dienerinnen, die sich weigerten. Wir erfahren aus verschiedenen Dokumenten, dass Sultan Abdülhamit I und Sultan Abdülhamit II etliche leibeigene Dienerinnen besassen, die sich ihnen nicht hingeben wolten. Die Tatsache, dass sich sogar leibeigene Dienerinnen trotz allem Verlangen der Sultane, ihnen verweigern konnten, zeigt, dass die Herrscher des osmanischen Reiches keine grenzenlose

Hurrem Sultan, Gemahlin des Sultan Suleiman des Prächtigen.

Freiheit in ihrem Harem genossen. Daraus ist ersichtlich, dass die Frauen, besonders in Bezug auf sexuelle Angelegenheiten respektiert wurden und Rücksichtnahme fanden.

Manche Sultane begnügten sich manchmal nicht mit ihren Haremsfrauen und hatten Verhältnisse zu anderen, ihrer Schönheit wegen berühmten Damen Istanbuls. Jedoch achteten sie darauf, diese Verhältnisse mit Hilfe der Grosswesire, Wesire und deren Schwestern möglichst Geheim zu halten, um nicht die Eifersucht der Harems frauen zu wecken. Sultan Mustafa III hatte solch eine Beziehung unterhalten, über welche reger Briefwechsel aufgefunden worden ist.

Unter den osmanischen Herrschern befanden sich ebenso Sultane, die eine grosse Zuneigung Frauen gegenüber hatten, als auch solche, die eine ebenso grosse Abneigung gegen Frauen hegten. Sultan Osman III z.B. mochte Frauen nicht. Nach einer Überlieferung, liess er seine Schuhsohlen mit grossen Nägeln beschlagen, damit die Haremsfrauen, die er nicht einmal zu sehen duldete, seine Fusstritte hörten und sich eiligst in ihre Gemächer zurückzogen, wenn er den Harem betrat. Abgesehen davon galt es immer als ungehörig, dass die leibeigenen Dienerinnen den Sultan während seines Aufenthaltes im Harem zu Gesicht bekamen.

Es gibt verschiedene Überlieferungen, die davon berichten, wann und durch welche Umstaende eine Leibeigene Dienerin die Gunst und das Gefallen des Sultans erlangte, um seine **Odaliske** zu werden. Tatsache aber ist, dass die Sultane manchmal zufälligerweise an der Stimme oder an dem Gesang einer leibeigenen Dienerin Gefallen fanden und des öfteren auch verschiedene Gelegenheiten erfanden, um sich eine Odaliske unter den leibeigenen Dienerinnen auszuwählen. Die vom Sultan begehrte leibeigene Dienerin wurde von eigenst damit beauftragten Frauen für den Sultan hergerichtet. Die leibeigene Dienerin, die eine Nacht mit dem Sultan verbrachte, wurde zur **privaten Odaliske des Herrschers** ernannt. Mit dem Erlangen dieses Titels, wurden ihr ein eigenes Gemach und eigene Dienerinnen zur Verfügung gestellt. Falls sie dem Sultan ein Kind gebar, wurde sie zur offiziellen Gattin des Sultans ernannt und bekam den Titel **ikbal** oder **kadın efendi.**

Wenn die erste private Odaliske des Sultans einen Sohn zur Welt brachte, wurde sie zur ersten Frau, d.h. zur zukünftigen **Sultansmutter (Valide Sultan)** ernannt. Aber falls der Sultan kein Gefallen an seiner Odaliske finden sollte, konnte er sie mit einem seiner Bediensteten verheiraten und sie somit vom Palast entfernen.

Sultansgattinnen

Die Sultansgattinnen wurden **Kadın Efendi** genannt. Ihre Anzahl konnte bis auf acht steigen. Sie wurden, je nach Rang, als Hauptfrau, zweite Frau usw. bezeichnet. Die Sultansgattinen wurden unter den Günstlingen und Odalisken, die dem Sultan die meisten Söhne gebaren, mit Zustimmung des Sultans, auserwählt.

Die zur Sultansgattin auserwählten Frauen hatten eigene Gemächer und Dienerinnen, die ihnen allein zu Dienste standen. Nachdem ihre Söhne das geeignete Alter erreichten, um als Gouverneure in verschiedenen Provinzen des osmanischen Reiches ein Amt antreten zu können, verliessen sie mit ihnen den Palast, bzw. Istanbul, und verbrachten eine längere Zeit in der Provinz, an der Seite ihrer Söhne. Später wurde dieser Brauch abgeschafft und die Sultansgattinnen verblieben im Palast.

Nach dem Tode oder nach der Entthronung eines Sultans, mussten die Sultansmütter, samt den Sultansgattinnen, den Schwestern und Töchtern des Sultans, den Topkapı-Palast verlassen und in den alten Palast umziehen. Eine Sultansgattin durfte erst dann wieder den Topkapı Palast betreten, wenn ihr Sohn zum Sultan und sie zur Sultansmutter wurde.

Da die Sultane ihren Gattinnen und Odalisken nicht immer die gleiche Aufmerksankeit zeigen konnten, oder auch manchmal eine grössere Zuneigung zu einer neuen Odaliske fassten, wurde der Harem öfter zur Szene von Eifersuchtsausbrüchen. Die meisten Vorfälle dieser Art entstanden jedoch dadurch, dass die Sultansgattinnen untereinander wetteiferten, wessen Sohn zum Sultansnachfolger ernant werden sollte.

Im Falle, dass der Sultan unfähig des Herrschens war, oder sein Nachfolger sich noch in Kindesalter befand, mischten sich die Sultansmütter und -schwestern immer in Staatsangelegenheiten ein. Unter normalen Umständen verhielten sich die Sultansgattinnen sehr höflich zueinander. Wenn sie in die Stadt hinausfahren wollten, nahmen sie ihre leibeigenen Gesellinen und Dienerinnen mit. Einer der Eunuchen Aghas begleitete sie stets im Kutschersitz neben dem Kutscher.

Ausflüge der Haremsfrauen in verschiedene Vergnügungsorte ausserhalb des Palastes, wurden erst ab Anfang 19. Jhd. Zeit Sultan Mahmut II zur Gewohnheit.

Bei ihren Ausflügentrugen die Frauen einen ärmellosen, "Çarşaf" genannten Überwurf oder ein mantelartiges, "Ferace" genanntes Strassenkleid. Im Harem verbargen sie ihre langen, geflochtenen Haare unter einer haubenartigen Kopfbedeckung oder trugen edelsteinbesetzte Federbüsche und Diademe.

NET®
PUBLIKATIONS LISTE

- **ISTANBUL**
  (Deutsch, Englisch, Französisch, Italienisch, Spanisch, Arabisch, Griechisch, Türkisch)
- **ISTANBUL (Kleinformat)**
  (Deutsch, Englisch, Französisch, Italienisch, Spanisch, Japanisch, Ungarisch)
- **ZEITGENÖSSISCHE TÜRKISCHE TEPPICHE**
  (Deutsch, Englisch, Französisch, Italienisch)
- **REINE NATURSEIDE TÜRKISCHE TEPPICHE - Hereke und Kayseri**
  (Deutsch, Englisch, Französisch)
- **HAGIA SOPHIA**
  (Deutsch, Englisch, Französisch, Italienisch, Türkisch)
- **DAS KARİYE MUSEUM**
  (Deutsch, Englisch, Französisch, Italienisch, Türkisch)
- **DAS TOPKAPI PALAST**
  (Deutsch, Englisch, Französisch, Italienisch, Spanisch, Türkisch)
- **DIE HEILIGEN RELIQUIEN**
  (Deutsch, Englisch, Französisch, Türkisch)
- **Unvergleichbares KAPPADOKIEN - Das Göreme Gebiet**
  (Deutsch, Englisch, Französisch, Italienisch, Spanisch, Türkisch)
- **WESTANATOLISCHE ZIVILISATIONEN**
  (Deutsch, Englisch)
- **PERGAMON**
  (Deutsch, Englisch, Französisch)
- **EPHESOS**
  (Deutsch, Englisch, Französisch, Italienisch, Spanisch)
- **PAMUKKALE (Hierapolis)**
  (Deutsch, Englisch, Französisch, Italienisch, Türkisch)
- **VAN - Die Hauptstadt Der Urartäer (Ostanatolien)**
  (Deutsch, Englisch, Französisch, Türkisch)
- **DIE SÜLEYMANİYE MOSCHEE UND DEREN UMGEBUNG**
  (Deutsch, Englisch, Französisch)
- **LYKIEN - Westliche Südküste Anatoliens**
  (Deutsch, Englisch, Französisch)
- **KARIEN-Südliche Westküste Anatoliens**
  (Deutsch, Englisch, Französisch)
- **ANTALYA**
  (Deutsch)
- **VIDEO KASSETTE - Istanbul (VHS - Beta)**
  (Deutsch, Englisch)
- **FARBDIAPOSITIVE (36 verschidensets, 12 dias in jedem set)**
- **LANDKARTE DER TÜRKEI - STADTPLAN ISTANBUL**

NET® BUCHHANDLUNGEN

- **ISTANBUL,** Yerebatan Caddesi, Şeftali Sokağı, 10, 34410 Cağaloğlu
- **İZMİR,** Cumhuriyet Bulvarı, 142/B, 35210 Alsancak